KEISUKE MATSUMOTO

MANUAL DE LIMPIEZA
DE UN MONJE BUDISTA

Traducción del japonés de
YASUKO TOJO

Duomo ediciones

Barcelona, 2013

Título original: お坊さんが教えるこころが整う掃除の本

Copyright © 2011 by Keisuke Matsumoto
Original Japanese edition published by Discover 21, Inc., Tokyo, Japan
Spanish edition is published by arrangement with Discover 21, Inc.

Illustrations by Kikue Tamura

© de esta traducción, 2013 por Yasuko Tojo
© de esta edición, 2013 por Antonio Vallardi Editore S.u.r.l., Milán

Todos los derechos reservados

Primera edición: noviembre de 2013
Segunda edición: diciembre de 2016
Tercera edición: agosto de 2019

Duomo ediciones es un sello de Antonio Vallardi Editore S.u.r.l.
Av. Riera de Cassoles 20, 3º B. Barcelona, 08012 (España)
www.duomoediciones.com

Gruppo Editoriale Mauri Spagnol S.p.A.
www.maurispagnol.it

Depósito legal: B. 17.912-2013
ISBN: 978-84-94119-68-2
Código IBIC: DN

Composición: Grafime

Impresión:
Grafica Veneta S.p.A. di Trebaseleghe (PD)

Impreso en Italia

ÍNDICE

Prólogo del autor

Soy un monje del templo Kōmyōji situado en el distrito de Kamiyacho, en Tokio. En el año 2003 llamé a sus puertas y me convertí en un discípulo de la Verdadera escuela de la Tierra Pura de la rama Honganji (*Jōdo Shinshū Hongwanji-ha*).

El día a día de un monje comienza con la limpieza. Se barre el interior del templo y el jardín; y se friega el suelo de la sala principal. Pero nosotros no limpiamos porque esté sucio o desordenado sino para eliminar las sombras que nublan el espíritu.

Al adentrarnos en un templo, experimentamos una agradable sensación al estar rodeados de un espacio lleno de paz. En el suelo del jardín cuidado con esmero, no hay ni una sola hoja marchita, ni una mota de polvo. Al sentarnos en la sala principal, inconscientemente, la espalda se yergue y nuestros sentimientos se serenan. Quitamos el polvo para barrer y eliminar las pasiones y los sufrimientos mundanos. Limpiamos la suciedad para desprendernos de las obsesiones y del apego a las cosas. Vivimos plenamente el tiempo que dedicamos a limpiar minuciosamente cada rincón del templo.

Llevar una vida sencilla, y dedicar tiempo a contemplarse uno mismo. Vivir cada instante con cuidado esmero. Esta filosofía de vida no atañe únicamente a los monjes, sino que en el ajetreado estilo de vida actual, todos deberíamos tenerla presente.

La vida es un adiestramiento diario. Cada una de nuestras acciones nos lleva a cultivar nuestra alma. Si vivimos de forma descuidada, embruteceremos el espíritu, mientras que si vivimos con esmero, poco a poco lo iremos depurando. Si nuestra alma es pura, todo lo que nos rodea resplandecerá. Y si el mundo reluce, seremos más generosos con los demás.

El budismo zen es conocido por las tareas de limpieza que realizan sus monjes. Dentro del budismo en Japón, la limpieza se considera un método primordial para «purificar el alma». En este libro he querido explicar los métodos de limpieza que emplean diariamente los monjes en los templos, introduciendo algunos aspectos del adiestramiento. Sobre los preceptos zen que aparecen en él, me he basado en las conversaciones que he tenido con Shōyō Yoshimura, monje de la escuela Sōtō y divulgador de la comida vegetariana; y con el monje itinerante Seigaku, difusor del budismo zen en Berlín.

Os animo a pasar un buen rato en casa con la lectura de este libro, y a poner en práctica los métodos de limpieza de los monjes. Es muy sencillo. Si queréis «purificar el alma» sin moveros de casa, podéis hacerlo transformando las tareas del hogar en un ejercicio espiritual. Y con eso no sólo armonizaréis vuestro espíritu, sino también el de las personas que os rodean.

Queridos lectores, me sentiré muy afortunado si consigo que la limpieza se convierta en una oportunidad para que contempléis el fondo de vuestro corazón.

Keisuke Matsumoto, monje del templo Kōmyōji
Noviembre de 2011.

LAS REGLAS BÁSICAS
DE LA LIMPIEZA

¿Qué es la limpieza?

Desde la antigüedad, los japoneses han considerado la limpieza algo más que una tarea molesta. En la escuela primaria los propios alumnos se encargan de limpiar las dependencias. Pero he oído decir que en el extranjero no es así.

La limpieza en Japón, además de eliminar la suciedad, tiene connotaciones de limpieza espiritual. Al visitar un templo, uno en seguida se percata del orden que reina en su interior. En cierta medida, ello forma parte de la hospitalidad con que se recibe a las visitas, pero sobre todo se debe a que la realización de la limpieza en sí es uno de los ejercicios más importantes que llevan a cabo los monjes a lo largo de su adiestramiento. Los espacios que conforman el templo deben estar limpios y debidamente ordenados. Recuerdo que durante mi adiestramiento en un templo en Kioto, el superior encargado de mi instrucción me reprendía no sólo si me equivocaba en el modo de doblar la ropa sino también en el orden de los pliegues.

Si tenéis la oportunidad de ver a los monjes limpiando en el interior de un templo, no desperdiciéis la ocasión. Los veréis enfrascados en sus tareas en absoluto silencio, vestidos con el *samue*, la ropa de trabajo. Lo más seguro es que estén rebosantes de vitalidad y hagan buena cara; pues para ellos la limpieza no es algo molesto que deseen evitar o que quieran quitarse de encima cuanto antes. La limpieza no se lleva a cabo para eliminar la suciedad sino como un ejercicio para purificar el espíritu.

Cuentan que un discípulo de Sakyamuni logró alcanzar el nirvana tras barrer incesantemente mientras recitaba una y otra vez: «Barrer el polvo, quitar la mugre».

Sobre la inmundicia

¿Qué es la inmundicia? Algo sucio, algo viejo, algo que ha dejado de funcionar, algo que ha dejado de ser útil, algo que ya no necesitamos... Sea lo que sea, no hay nada que desde un principio fuese basura. Se convirtió en basura porque alguien lo calificó de basura y lo trató como tal.

La doctrina budista nos enseña que nada en este mundo tiene sustancia y que, por lo tanto, las cosas carecen de una esencia permanente. Pero entonces, ¿cómo se explica la presencia de los objetos? La existencia de los objetos es relativa y depende de las relaciones recíprocas que establecen con otros. Y lo mismo ocurre con las personas. Lo que hace que seamos lo que somos son las personas y las cosas que nos rodean. Por eso no estamos en posición de decidir qué cosas tienen valor porque nos son de utilidad, o qué cosas son basura porque ya no nos sirven.

Cuentan que el eminente monje Rennyo Shōnin (1415-1499) recogió un pedacito de papel del suelo y dijo: «Incluso una simple hoja de papel goza de la bondad de Buda, y no se debe menospreciar».

La expresión japonesa que significa «¡qué desperdicio!» no sólo hace referencia a que no hay que malgastar las cosas, sino que además, hay que estar agradecidos con ellas.

Las personas que no cuidan los objetos, tampoco cuidan de las personas.

Cualquier cosa que ya no queremos se convierte en basura. Los niños que crecen viendo a sus padres comportarse de este modo, acabarán menospreciando no sólo los objetos sino también a sus amigos.

Cualquier objeto ha sido creado con cariño y ha requerido de esfuerzo y dedicación. Cuando limpiemos o pongamos orden, debemos tratar las cosas con cuidado y mostrar nuestra gratitud.

A pesar de que no queramos desperdiciar las cosas, no podemos dejar que se acumulen en el armario. Aunque sean un poco viejas aún pueden ser útiles, pero si las dejamos encerradas, acabarán el resto de sus días sin ver la luz del sol. Y eso sí que sería una verdadera lástima. Debemos estarles agradecidos por haber trabajado para nosotros, y darles una nueva vida junto a alguien que las necesite y las haga funcionales.

En definitiva, debemos cuidar las cosas que nos rodean.

Tengamos gratitud hacia las cosas que nos han sido útiles, y cuando realmente no las necesitemos, hagámoslas resplandecer con una nueva luz dándoselas a quien pueda hacer buen uso de ellas. Esto es lo que significa cuidar de ellas.

El horario adecuado
para limpiar y ordenar

No importa a qué hora limpie. Lo haré cuando tenga un momento. ¿Sois de los que pensáis de este modo?

Como ya he comentado anteriormente, limpiamos para eliminar las impurezas que nublan nuestra alma. Aunque nos esmeremos en limpiar y fregar, si lo hacemos de noche, no nos sentiremos a gusto. Por eso en los templos nunca limpiamos cuando ya se ha puesto el sol. La limpieza debe hacerse a primera hora de la mañana.

La jornada modelo de los monjes empieza de buena mañana muy pronto: se lavan la cara, se visten, y empiezan a limpiar o a realizar sus tareas matinales. Si exponemos nuestro cuerpo al aire fresco, justo antes del alba, notaremos como los sentimientos se apaciguan y la energía para empezar un nuevo día brota con naturalidad.

Si empezamos a limpiar en silencio, rodeados por la calma, cuando la vegetación y las personas de nuestro alrededor aún duermen, nuestro corazón se sentirá en paz, y tendremos la mente completamente despejada. Cuando todos empiecen a despertarse, habremos terminado la limpieza y estaremos preparados para empezar un nuevo día de trabajo. Realizar la limpieza de buena mañana nos permite tener cierto desahogo para que el día transcurra de forma agradable.

En cambio, debemos ordenar los objetos que nos

rodean por la noche, antes de ir a dormir. Si os dedicáis todo el día a limpiar y a recoger como los novicios de un monasterio zen, no será necesario poner orden antes de ir a dormir. Si ordenásemos cada vez que terminásemos de utilizar algo, no existiría el desorden. Pero en un hogar corriente, eso es difícil de llevar a cabo. Por eso, como mínimo, debemos guardar y ordenar las cosas que hemos utilizado y desordenado durante el día, para dejarlas tal y como estaban. Si al día siguiente queremos emprender con ganas la nueva jornada y ponernos a limpiar con vitalidad, es importante que la casa esté ordenada.

Cuando era novicio, antes de ir a dormir, mi compañero de habitación y yo leíamos el *sutra* de las prácticas vespertinas. Concentrarse en una tarea antes de ir a dormir, en medio de una habitación ordenada, hace que uno se sienta en paz y armonía, y le permite conciliar un sueño profundo.

Hay que limpiar y ordenar a diario, pero lo más importante es la continuidad. No hay que dedicar mucho tiempo, ni hay que hacer grandes esfuerzos, pero hay que cultivar el hábito de hacerlo cada día. Puede que al principio nos cueste madrugar, pero si conseguimos que limpiar por la mañana y ordenar por la noche se convierta en un hábito, notaremos como nuestro espíritu y nuestro cuerpo se mantienen despejados a lo largo del día y podemos disfrutar de una espléndida jornada.

Ventilar

En primer lugar, antes de limpiar, hay que abrir las ventanas y ventilar.

Nosotros los monjes también abrimos las ventanas cada mañana antes de limpiar y dejamos entrar el aire fresco, pues antes que nada hay que purificar el aire.

Sentir en la piel la frescura del aire que entra por las ventanas, hace que uno se sienta más despierto y puro. Si llenamos los pulmones de aire fresco, las ganas de limpiar surgen de forma natural. Por más que limpiemos, y por más reluciente que esté todo, si el aire que nos rodea es turbio, nuestro estado de ánimo se enturbiará también.

El aire templado que entra en primavera o en otoño es muy agradable. En pleno verano, el aire que entra es bochornoso, y en invierno, el aire de la mañana es gélido. Pero no hay nada malo en ello, pues en cierto sentido, es una manera de entrar en comunicación con el espíritu de las estaciones, limpiar es entrar en contacto con la naturaleza. Supongamos que una casa quedase desatendida de la mano del hombre. El polvo se acumularía, la madera se deterioraría... Y tras los años acabaría en ruinas. Pero si la limpiamos y cuidamos de ella, conseguiremos contrarrestar las fuerzas de la naturaleza y podremos vivir serenamente, manteniendo en óptimas condiciones tanto nuestra casa como nuestro espíritu. Los humanos somos seres frágiles, incapaces de sobrevivir en medio de la naturaleza salvaje, ante la furia de la naturaleza. Por eso, para sobrevivir, debemos manipular el medio y crear un ambiente apto para la vida. Limpiar es un modo de dialogar con la naturaleza. Si lo pensamos así, el modo de vida actual que transcurre en un espacio cerrado con aire acondicionado que mantiene la temperatura constante ya sea verano o invierno, rechaza la comunicación con la naturaleza. Si nos acostumbramos a vivir en esa clase de ambiente, el cuerpo y el espíritu tenderán a debilitarse. Cuando hace calor dejemos que haga calor, cuando hace frío, dejemos que haga frío. Sudar mientras limpiamos sintiendo la naturaleza en nuestra propia piel es la clave para tener una mente y un cuerpo saludables.

Cuando abrimos la ventana entramos en contacto con la naturaleza, y tomamos conciencia de nuestra fragilidad al percatarnos de nuestra incapacidad de vivir en el mismo ambiente que los animales salvajes. Sentir la benevolencia y la dureza de la naturaleza en nuestra piel hará que nos sintamos agradecidos por la insustituible fuerza de la vida.

Abramos las ventanas cada mañana para dejar entrar el aire fresco y entablar contacto con la naturaleza.

¿Qué hacer con los insectos?

En el budismo hay cinco preceptos que deben cumplirse. El primero de ellos es: «Respetar la vida», es decir, no matar a ningún ser vivo. Todos los seres vivos son iguales y merecen ser respetados, por lo que no debemos dañarlos sin motivo ni arrebatarles la vida.

Pero los seres humanos no podemos vivir sin comer carne, pescado, vegetales y otros seres vivos. Debemos ser conscientes de que nuestra supervivencia depende del sacrificio de otras vidas, y sentirnos profundamente agradecidos. Y sobre todo, debemos idear un estilo de vida que dependa en la menor medida posible del sacrificio de otros seres.

Un estilo de vida que evite la muerte innecesaria de otros seres se basa en la limpieza. Los insectos vienen en busca de alimento y cobijo. Dejar las migajas de comida en la mesa, no lavar los platos, no tirar la basura orgánica, atrae a los insectos. Para evitar matarlos, debemos empezar recogiendo después de las comidas.

También es muy importante crear un ambiente en el que no proliferen los insectos. Si dejamos un cubo fuera y dejamos que se acumule el agua, aparecerán larvas de mosquito. Para evitarlo, debemos colocar los cubos y recipientes similares boca abajo. Las pilas de agua no deben ser muy grandes, y deben mantenerse limpias cambiando el agua regularmente.

Hay insectos que si dejamos que proliferen conlle-

van un peligro, como las avispas o las termitas. Si podamos bien la vegetación para que circule el aire y no se
acumule la humedad, evitaremos que aniden. Antes de
podar la hierba debemos cerciorarnos de que no haya
abejas u orugas venenosas viviendo entre la hojarasca
o el estiércol.

Mantener nuestro entorno cuidado nos beneficia tanto a nosotros como a los insectos.

Rotar tareas

En los templos, los monjes se reparten las diferentes tareas y cambian de función periódicamente: la persona que se encargaba de llevar la cocina, pasa a encargarse del cuidado del jardín, por ejemplo. Y gracias a esta rotación, todos los monjes experimentan de forma práctica todas y cada una de las tareas que se realizan en un templo. Quizá la imagen que a uno le venga a la cabeza cuando piense en las prácticas religiosas sea la de un monje ejerciendo su tarea en solitario, pero en realidad, las tareas de limpieza de un templo son un verdadero trabajo en equipo. Hay que estar atento a qué limpian los demás, y una vez se está al corriente de la situación, pensar cuál puede ser tu función y actuar con iniciativa sin entorpecer el trabajo de los demás. Una regla básica de la limpieza es que siempre se realiza de arriba abajo. Hay que saber prever el trabajo y tener en cuenta el procedimiento. Si tus compañeros se ocupan de una zona, tú podrías ocuparte de otra. Debemos encontrar nuestra función una vez que hayamos evaluado la situación general.

Durante el adiestramiento, la responsabilidad de un descuido personal es asumida por todos los miembros de la comunidad, y pueden ser obligados a permanecer arrodillados sobre el suelo de madera con las manos unidas y los codos alzados a la altura de los hombros durante largo tiempo. Hay que ser diligentes para no causar perjuicios a los que nos rodean. Es una experiencia perfecta para aprender que nuestra existencia no nos atañe únicamente a nosotros.

Lo mismo ocurre con la vida cotidiana. Lo importante no es solo limpiar sino hacer que toda la familia tome conciencia de su importancia. Hay que repartir las funciones entre los miembros de la familia y de vez en cuando intercambiarlas. Todos deben trabajar en equipo y hacer las cosas pensando en los demás.

Sucede a veces que uno descubre el valor de la familia cuando sucede un infortunio. Un hombre al que su esposa siempre le prepara la comida, el día en que su mujer enferma y debe guardar cama, se siente impotente porque ni siquiera sabe preparar arroz hervido. Sin duda esta clase de experiencias pueden ablandar los corazones más obstinados. La rotación de tareas también es eficaz para la educación de los niños. Puede que al principio nos impacientemos porque es más rápido y eficaz que lo haga un adulto que dejar que los niños ayuden, pero no hay que perder la ocasión de encargarles toda clase de tareas. Los lazos familiares son uno de los vínculos más fuertes que se establecen entre las personas. Y la realización de las tareas en familia es un buen ejercicio para fortalecer los vínculos del corazón.

Adaptarse al tiempo

Ya sea en el interior o en el exterior de un templo, hay un sinfín de tareas que realizar, pero en los días de lluvia las tareas externas se aplazan hasta que la lluvia amaine.

Las tareas del día se planifican según el tiempo. En los días que no es posible realizar las tareas exteriores, como la limpieza del jardín, se dedica el tiempo a las tareas interiores como limpiar los cristales, cambiar el papel de las puertas correderas (*shōji*), quitar el hollín... Cuando llueve, al cabo de un tiempo la tierra se ablanda con la humedad y es más fácil arrancar las malas hierbas, por lo que es recomendable realizar las tareas del jardín después de la lluvia.

Se dice que los monjes dedican una tercera parte de las veinticuatro horas que conforman el día a limpiar. La limpieza, como método para purificar el alma, no tiene fin. Si uno busca siempre encontrará algún lugar que limpiar. Sólo tenemos que buscarlo.

Los días de lluvia hay que dejar a un lado la obligación de limpiar el recinto exterior, y adaptarse a los cambios de la naturaleza. En el hogar, se podría decretar los días de lluvia como «el día de los remiendos». Si echamos un vistazo dentro de casa siempre encontraremos algo que hacer.

No dejes para mañana lo que puedas hacer hoy

Hay una expresión zen que significa «Desvincularse del antes y del después». Significa que no debemos arrepentirnos del pasado ni preocuparnos por el futuro, sino vivir plenamente el presente y el ahora y esforzarnos al máximo para no arrepentirnos posteriormente. Si aplicamos esta idea a la purificación del espíritu mediante la limpieza sería: «No dejes para mañana lo que puedas hacer hoy».

Hoy en día todo el mundo anda muy ajetreado. ¿Quién no ha vuelto a casa agotado y se ha quedado dormido dejando los platos y la colada sin lavar? Pero al día siguiente, al despertarnos, no nos sentimos precisamente frescos ni descansados. Empezar un nuevo día rodeados por la suciedad del día anterior hace que nos sintamos apesadumbrados. Y no se debe únicamente a que seguimos rodeados por el desorden y la suciedad del día anterior, sino porque nos acostamos sintiéndonos culpables y esa sensación atormentó nuestra conciencia a lo largo de la noche. Algunos incluso sueñan que están limpiando, y cuando por fin terminan de limpiar se despiertan y tienen que ocuparse de nuevo de la limpieza en el mundo real.

«Desvincularse del antes y el después.» No arrepentirnos del pasado ni preocuparnos por el futuro. Vivir plenamente el día a día no es simplemente una actitud sino un principio que debe ir acompañado de nuestras acciones.

Dejar las cosas para el día siguiente o arrastrar preocupaciones del día anterior equivale a sembrar pensamientos negativos que debemos eliminar. Cuanto más tiempo dejemos que las impurezas manchen nuestro espíritu, más esfuerzo costará eliminarlas.

No dejemos para mañana lo que podamos hacer hoy, y disfrutemos del día a día.

27 de diciembre, martes, día propicio para bodas pero no para funerales.
28 de diciembre, miércoles, buena suerte por la mañana, mala suerte por la tarde.
29 de diciembre, jueves, día de infortunio.

PREPARATIVOS Y OBJETOS NECESARIOS

CÓMO VESTIRSE

El *samue* es una prenda que los monjes llevan a diario para realizar los distintos trabajos manuales (*samu*). A pesar de ser un traje tradicional japonés, se caracteriza por su comodidad, la facilidad de lavarlo y su versatilidad, pues puede emplearse para limpiar, para las tareas administrativas o incluso para salir por el vecindario a hacer unos recados.

Personalmente prefiero los colores oscuros como el negro o el añil, pero los hay de diversos diseños, colores y estampados según los gustos.

El *samue* es una prenda simple muy resistente al paso del tiempo, y muy práctica pues se adapta a los cambios estacionales: en verano es ligero, de lino; y en invierno es grueso y forrado de algodón.

作務衣

¿CÓMO ELEGIR UN *SAMUE*?

En verano es preferible el de mangas de tubo y en invierno, con los puños de goma que evitan que se cuele el frío. Cuantos más bolsillos tenga, más práctico. Si se emplea para las tareas de la limpieza debe ser de materiales resistentes y fácil de lavar, en lugar de los más bonitos hechos de materiales más lujosos.

¿CÓMO LAVAR EL *SAMUE*?

Los de algodón pueden lavarse en casa. Si no queréis que se arruguen, una vez centrifugado, eliminad las arrugas con las manos y tendedlo enseguida.

TENUGUI

Podría decirse que el pañuelo de algodón llamado *tenugui*, ha acompañado el desarrollo cultural de Japón, y ha formado parte de la vida de los japoneses desde la antigüedad. La indumentaria que emplean muchos monjes para limpiar es el *samue* desgastado y un *tenugui* atado en la cabeza. ¡Con sólo atarse el *tenugui* en la cabeza a uno ya le entran ganas de ponerse a trabajar!

Aunque últimamente la mayoría de los monjes han optado por reemplazar el pañuelo de algodón por una toalla. Los monjes zen de la escuela Sōtō, del templo Eiheiji, han puesto el nombre de «*samu-ta*», a las toallas que emplean en sus trabajos manuales y que se atan en la cabeza siempre que limpian el recinto exterior.

Las cabezas rasuradas de los monjes son delicadas y hay que protegerlas de las ramas de los árboles o de los cantos de los marcos de las puertas. Evidentemente, el *tenugui* también sirve para cubrir el pelo largo de las mujeres como medida higiénica.

|||||||||||||||||||||||||||||||||||||||||||||||||||||||||||||||||||||||||||||||||||||||||||||

¿CÓMO SE LAVA?

Se puede lavar en la lavadora, pero algunos *tenugui* pueden desteñir por lo que al principio deben lavarse separadamente. Su tacto se vuelve agradable con el uso. La ventaja del *tenugui* es que se seca muy rápido. Basta con tener uno para la limpieza diaria.

RECOMENDACIÓN

Yo suelo utilizar los de una tienda de Tokio que se llama Kamawanu.

|||||||||||||||||||||||||||||||||||||||||||||||||||||||||||||||||||||||||||||||||||||||||||||

SANDALIAS PARA TRABAJAR

El calzado típico de un monje son los *setta*. Es un tipo de sandalia japonesa de paja con dos tiras de sujeción. Se cree que fueron inventadas durante la época del maestro de té Sen Rikyū. A diferencia de las típicas sandalias de paja (*zōri*), la suela está recubierta de cuero para evitar el desgaste y hacerlas impermeables al agua permitiendo andar sobre charcos de agua o sobre la nieve sin que la sandalia se empape.

Además de conjuntar con el *samue*, este tipo de calzado es bueno para ejercitar los pies, por lo que es un calzado muy recomendable para realizar las tareas diarias.

Últimamente hay mucha gente que dentro de casa calza sandalias de tela o *nunozōri* hechas con sus propias manos con retales de tela, cosa que me parece una idea estupenda.

―――

NUNOZŌRI

Para su confección se utiliza: retales de tela vieja, cuerdas resistentes, tijeras, clips, espátulas de caña y un soporte.

Aquellos que quieran confeccionar sus propias sandalias de tela pueden consultar los tutoriales de internet.

―――

GUANTES Y CALCETINES

Para limpiar el recinto exterior no pueden faltar unos guantes y unos calcetines de algodón grueso. Sirven para proteger las manos y los pies, a la vez que facilitan el movimiento.

Si queremos mantenerlos limpios, debemos limpiarlos con agua y jabón después de utilizarlos, y tenderlos bien escurridos, o la suciedad se irá acumulando y será difícil de eliminar.

Los calcetines de trabajo deben tener una separación entre el dedo grueso y el segundo para poder calzar los *setta*. Los que son blancos pero tiene la punta de los dedos y el talón de color gris, permiten que la suciedad resalte menos y mantienen la sensación de pulcritud.

||||||||||||||||||||||||||||||||||||||||||||||||||||||||||||||||||||||||||||||||

GUANTES Y CALCETINES DE TRABAJO

Son imprescindibles para realizar tareas al aire libre. No sólo evitan que nos ensuciemos de barro sino que nos protegen de los pinchos y los cristales. Pero en el interior de los templos nosotros no empleamos guantes ni calcetines de trabajo, sino que solemos ir descalzos o con los calcetines japoneses *tabi*.

||||||||||||||||||||||||||||||||||||||||||||||||||||||||||||||||||||||||||||||||

ESCOBA Y RECOGEDOR

ほうき・ちりとり

En los templos se emplea la escoba y el recogedor de toda la vida. No ocupan espacio, no necesitan electricidad, son ligeros, pueden transportarse a cualquier lugar y su mantenimiento es sencillo. Si lo pensamos, tienen muchas ventajas.

En el interior de las estancias se emplea un tipo de escoba de mango más corto, muy ligera y manejable. Para barrer las hojas secas del exterior es recomendable utilizar una escoba grande de bambú.

El recogedor debe ser sencillo, ligero y resistente como los metálicos. Para el exterior es práctico utilizar uno grande.

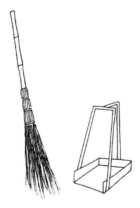

ほうき・ちりとり

ESCOBA

Cuentan que un discípulo de Buda alcanzó la iluminación barriendo.

RECOGEDOR

Los recogedores metálicos con o sin tapa, son ligeros y muy resistentes, y en Japón se conocen como *bunka chiritori*, o «recogedor de la Cultura».

PAÑO

Antiguamente, el paño de limpieza era un trozo de tela vieja o una toalla doblada en dos que se cosía en casa. Actualmente se ha extendido el uso de los paños confeccionados que venden en los comercios. Cada vez hay más hogares en los que no hay máquina de coser, pero aun así, os animo a coserlos a mano, tal y como hacían los ascetas. Originariamente, en el mundo budista, la ropa de los ascetas se elaboraba cosiendo retales de ropa vieja. Vestir harapos era una muestra de humildad, y era un modo de eliminar las impurezas del espíritu como la arrogancia o la soberbia. Tratándose de un utensilio imprescindible para la limpieza, deberíamos coserlos a mano uno a uno.

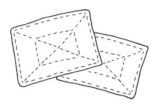

||||||||||||||||||||||||||||||||||||||||||||||||||||||||||||||||||||||||||||||||||||||||||||||

PAÑO

La reutilización de los objetos es una idea básica de la filosofía budista. Por lo tanto no se debe emplear tela nueva para confeccionar un paño. Cuando la ropa ya ha dejado de cumplir su función, la transformamos en paño. Cuidar de las cosas hasta que termina su vida útil forma parte de la esencia del budismo.

||||||||||||||||||||||||||||||||||||||||||||||||||||||||||||||||||||||||||||||||||||||||||||||

CUBO

El cielo nos bendice con el agua, un recurso imprescindible para la limpieza. Por lo que el cubo, el utensilio encargado de contener el agua, es también indispensable.

Para limpiar el exterior emplearemos el agua de la lluvia, y para limpiar el interior, aprovecharemos el agua de la bañera, pues debemos tener cuidado de no malgastar este bien tan preciado.

Si al fregar apoyamos el cubo directamente sobre el suelo de madera, quedará la marca circular de la base. Para evitarlo, debemos colocar el cubo sobre un trapo. Además, cuando escurramos el trapo con el que fregaremos el suelo, debemos ir con cuidado de no salpicar.

|||||||||||||||||||||||||||||||||||||||||||||||||||||||||||||||||||||||||||||||||||||||||

CUBO

Antiguamente se usaban los cubos de hojalata. Son ligeros y resistentes, y son ideales para la limpieza. Pero pueden oxidarse, así que una vez que hayamos terminado de utilizarlos, debemos secarlos antes de guardarlos.

|||||||||||||||||||||||||||||||||||||||||||||||||||||||||||||||||||||||||||||||||||||||||

BROCHA Y PLUMERO

La brocha se utiliza para limpiar superficies delicadas como los objetos lacados o las puertas correderas (*shōji*). En el enrejado de dichas puertas suele acumularse el polvo, y es tan estrecho que su limpieza es complicada. Además, al estar pegado a papel, no se puede fregar con un paño húmedo porque podríamos extender aún más la suciedad. En estos casos la brocha nos permite eliminar el polvo delicadamente, sin tener que fregar con un paño.

Los objetos de valor como las estatuas de Buda o las tablillas mortuorias con el nombre budista póstumo del difunto, pueden limpiarse con cuidado con la brocha o el plumero. Debemos unir las manos y hacer una reverencia antes de proceder a quitar el polvo con delicadeza, de arriba abajo.

Los altares budistas recubiertos con pan de oro también se pueden limpiar suavemente con una brocha, pero se aconseja que ésta sea hecha a mano y confeccionada en Japón para evitar que raye la superficie.

||||||||||||||||||||||||||||||||||||||||||||||||||||||||||||||||||||||||||||||

BROCHA Y PLUMERO

Las brochas de buena calidad fabricadas en Japón, se elaboran una a una, a mano, por artesanos que han mantenido la tradición de generación en generación. Nosotros los monjes, cuando empleamos dichas brochas valoramos el cuidado con el que el artesano ha elaborado cada una de ellas.

Los plumeros largos son útiles para limpiar los techos y los lugares elevados. Recordad que siempre se limpia de arriba abajo.

||||||||||||||||||||||||||||||||||||||||||||||||||||||||||||||||||||||||||||||

HOZ, TIJERAS Y PIEDRA DE AFILAR

En los cuidados de un jardín no puede faltar una hoz ni unas tijeras de podar. Cuando hayamos terminado de usarlas debemos realizar los debidos cuidados antes de guardarlas. Por eso hay que tener a mano una piedra de afilar. Si guardamos las tijeras y la hoz impregnadas de barro, la hoja se oxidará. Antes de guardarlas debemos limpiarlas bien y eliminar el barro y la humedad. Hay que afilar la hoja de la hoz para que la próxima vez que la utilicemos esté a punto para su uso. Si empleamos una hoz con una hoja sin afilar, tendremos que emplear más fuerza de la necesaria por lo que acabaremos más cansados e incluso podríamos llegar a lesionarnos. Debemos disponer de las herramientas adecuadas para que segar la hierba sea una tarea agradable.

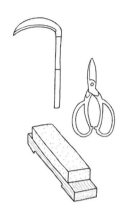

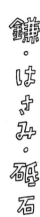

HOZ

No debe ser muy grande, ni muy pequeña. Elegiremos un tamaño que se adapte a nuestro cuerpo y sea fácil de manejar. Cuando la cojamos no hay que agarrarla con toda la mano sino suavemente, como si quisiéramos sostenerla con el dedo medio y el meñique.

TIJERAS DE PODAR

Debemos cuidar con mimo nuestro jardín. Para empezar, observaremos la vegetación en general y podaremos aquellas zonas que creamos convenientes. Y mientras estemos podando nos iremos fijando en los detalles.

PIEDRA DE AFILAR

Se utiliza para afilar la hoz. Para evitar que la piedra dañe la hoja, después de utilizarla debemos lavar la suciedad, secarla bien y guardarla envuelta en un paño.

LIMPIAR EL BAÑO
Y LA COCINA, Y LOS EFECTOS
PERSONALES

Cocina

En un templo zen, la función de cocinar la ejerce el maestro cocinero o *tenzo*, y representa una de las tareas más importantes. Únicamente aquellos monjes con una profunda espiritualidad que emprenden el camino de la iluminación podrán ejercer dicha tarea. La tarea del maestro cocinero forma parte de la instrucción hacia el camino de Buda y se caracteriza por la pureza y la ausencia de distracciones. Por eso, en la cocina, hay que estar bien atento.

Habitualmente, en los templos, la cocina suele ser más grande que la de un hogar corriente pues durante las celebraciones los fieles o las asociaciones de vecinos se reúnen allí para cocinar. El fregadero, las ollas, los escurridores, todo es de mayor tamaño.

Recuerdo que de niño esperaba con impaciencia comer la deliciosa comida que preparaban enérgicamente los miembros de la asociación de mujeres cuando se reunían en el templo a finales de año.

En la cocina de un templo pueden cocinar varias personas, por lo que siempre debe estar limpia, y los utensilios de cocina deben estar en su sitio. Si la cocina está ordenada, la persona a quien le toque el turno de cocinar se sentirá a gusto y no perderá el tiempo buscando u ordenando cosas, por lo que la comida se servirá justo en su punto.

Cuando cocinemos, debemos tener cuidado en cerrar los armarios de la cocina. Con las prisas tendremos la tentación de dejarlos abiertos pero eso es un signo de que nuestra mente se está relajando. Cada vez que saquemos algo del armario debemos volver a cerrarlo. Eso evitará que se acumule el polvo en la vajilla y también servirá para enderezar nuestra actitud negligente.

La comida de los monjes es básicamente vegetariana. No incluye carne ni pescado, pero además, tampoco se emplean aquellas verduras de olor fuerte como el ajo, el cebollino o el puerro. Un buen amigo mío, maestro cocinero en un templo, extrae un delicioso caldo con algas *konbu* y setas *shiitake*.

Cuando uno se acostumbra a los gustos suaves de una dieta vegetariana, se afina el paladar, y es posible disfrutar de los sabores más sutiles. Nuestra cocina se basa en la sencillez de los sabores de los productos de temporada. No se emplean condimentos exóticos ni grandes cantidades de aceite. Unos pocos utensilios de cocina son suficientes, y como no se ensucian de grasa, uno termina enseguida de limpiar la cocina. Además, los desechos orgánicos son reducidos pues se intenta sacar el máximo partido de los productos. Por ejemplo, se aprovechan las hojas y la piel del nabo para crear deliciosas versiones de platos tradicionales. Los desechos orgánicos que se producen inevitablemente, intentamos en la mayor medida posible devolverlos a la tierra en forma de abono.

Sin duda, dentro del hogar, sería positivo que de vez en cuando se llevase una dieta similar a la de los monjes. Aparte de aligerar la limpieza de la cocina, resulta muy saludable.

El maestro cocinero (*tenzo*) interioriza los ingredientes que va a utilizar y lleva a cabo su adiestramiento espiritual mediante el ejercicio de la cocina. Para cocinar una comida que sienta bien a nuestro cuerpo debemos utilizar productos frescos de temporada y cocinarlos en un ambiente limpio y ordenado.

La cocina debe ser un lugar limpio y agradable.

¿CÓMO LIMPIAR LA COCINA?

Limpiar el fregadero: Para evitar que queden manchas de cal, pasaremos un paño seco por la superficie del fregadero y el grifo. Eliminaremos los restos de comida que quedan en el filtro del desagüe después de cada comida, y nunca dejaremos que permanezcan allí hasta el día siguiente.

Limpiar los utensilios de cocina: No dejaremos las cazuelas quemadas o con restos de comida, sumergidas en agua dentro del fregadero hasta el día siguiente. Nosotros siempre limpiamos al momento. Empapamos la suciedad incrustada con agua (si es agua caliente mucho mejor), para ablandarla y la frotamos con un estropajo metálico. Frotar el fregadero con bicarbonato sódico es de lo más efectivo, pero no hay que olvidar pasar un paño seco al final.

El secreto de lavar los platos: El secreto de lavar los platos es no dejar que se acumulen. Y para ello se debe:

1. Recordar el proceso de lavado para ahorrar pasos inútiles.
2. Aprovechar los ratos libres que quedan mientras se cocina para lavar los utensilios y recoger.

Si tenemos presente estos dos pasos, el tiempo dedicado a cocinar será más corto y también ahorraremos agua. Además, después de cocinar sólo tendremos que lavar algunos pocos utensilios y recoger no nos resultará tan molesto.

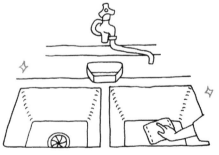

Debemos secar el fregadero también por dentro.

Lavabo

El lavabo es un lugar sagrado.

El lavabo es el lugar donde mejor se ve cómo es de verdad una casa.

Cuando tenemos un invitado, solemos preocuparnos por la apariencia del recibidor, pero es posible que a pocos se les ocurra pensar en el lavabo. En el caso que nuestro invitado desee utilizarlo, pasará cierto tiempo a solas en su interior. Y precisamente porque es un lugar donde uno puede relajarse, tiende a fijarse en los detalles: la suciedad de la tabla del inodoro, el polvo del suelo, el papel higiénico a punto de acabarse... Si hemos descuidado el lavabo y nuestro invitado se ha sentido a disgusto, se llevará una impresión negativa de la casa. Y no sólo de la casa, sino también de la hospitalidad de sus dueños.

En nuestro mundo, el lavabo es uno de los lugares al que dedicamos más esfuerzo a la hora de limpiar. En la escuela Sōtō, hay tres lugares en los que se debe mantener silencio absoluto llamados «los tres lugares del silencio» o *sanmoku dōjō*: el *sōdō* o estancia principal (lugar donde se practica la meditación, se come y se duerme), el *yokusu* o cuarto de baño (donde uno se baña), y el *tōsu* o lavabo. Estos tres lugares tienen en común el agua. El agua es el principio de la vida. Y los lugares de la casa por donde circula el agua son la cocina, el baño y el lavabo.

El agua entra a nuestro cuerpo, circula y sale para volver a la naturaleza. Y es en estos lugares donde tomamos conciencia del fluir de la vida, por lo que debemos mantenerlos especialmente limpios.

De entre los tres, el aseo se considera un lugar sagrado porque cuentan que Ususama Myōō alcanzó allí la iluminación. En los lavabos se suele colocar una estatua de Ususama Myōō porque se cree que tiene el poder de purificar la suciedad. Es el lugar donde se eliminan las impurezas las cuerpo y por eso debemos dejarlo impoluto.

Respecto a los modales que deben adoptarse en el lavabo, el maestro de zen Dōgen Zenji (1200-1253) estableció las normas. Básicamente consisten en permanecer en silencio y mantener la pulcritud.

En los templos de la Verdadera Escuela de la Tierra Pura, suele haber lavabos para los visitantes y he podido comprobar que siempre están limpios y bien abastecidos. En cualquier templo, los lavabos siempre están limpios y cuidados, y las zapatillas bien alineadas. La persona que utiliza el lavabo nota su pulcritud y se siente a gusto. Y precisamente porque está bien cuidado, se preocupará de mantenerlo limpio y dejarlo todo tal como estaba para la siguiente persona que tenga que utilizarlo.

Los novicios que reciben el adiestramiento en el templo Eiheiji, no calzan zapatillas en el lavabo sino que van descalzos. En el interior del templo llevan un calzado especial que deben quitarse antes de entrar. Un monje amigo mío dice que el lavabo debe estar tan limpio que puedas echarte a dormir en él, y que al entrar debe transmitir una solemnidad tal que se pudiese celebrar un ritual sagrado.

Debemos esmerarnos en mantener el lavabo limpio, pues debe ser un espacio en el que uno pueda sentirse relajado y tomar un respiro, pero a la vez, su pulcritud debe mantenernos en cierta tensión que nos impida perder la compostura.

¿CÓMO LIMPIAR EL CUARTO DE ASEO?

En general, todos los templos limpian minuciosamente sus lavabos, pero en los templos zen su limpieza se lleva al extremo. Todos los lavabos se limpian por la mañana y por la noche. En particular, los lavabos destinados a los novicios, en los que se friega con un trapo bien escurrido el suelo de madera y el inodoro, y por último se vuelve a fregar con un papel o un paño seco para eliminar las pelusas. Además, el extremo del papel higiénico se dobla en forma de triángulo.

El secreto de mantener un lavabo limpio es no ensuciarlo. Si queremos que los demás tengan cuidado a la hora de usar el lavabo, debemos empezar por nosotros mismos y dejarlo más limpio de lo que estaba cuando lo usemos para así mantener la tensión que despierta la pulcritud.

Lo mismo ocurre en los lavabos públicos. Si aparecen un par de pintadas en las paredes, eso atraerá la suciedad y el aseo se ensucia de golpe. Si está limpio no se ensucia, y si no se ensucia se mantiene limpio. Cuando se rompe esta cadena, el lavabo se ensucia de repente. Y para que eso no ocurra, hay que empezar dando buen ejemplo.

Cuarto de baño

¿Qué representa el cuarto de baño para vosotros? Sin duda es un lugar donde eliminamos la suciedad y nos relajamos de la tensión acumulada durante toda la jornada. Para muchos, el cuarto de baño representa un lugar único donde poder aliviar el cansancio del día.

Como ya he mencionado en el capítulo anterior, el baño es una de las tres estancias del templo donde se debe guardar silencio, y al igual que el lavabo, también hay unas normas para su uso. Al principio del proceso de adiestramiento, mi superior me acompañaba dentro del cuarto de baño para darme indicaciones, por lo que permanecía en tensión incluso a la hora de bañarme. Dicho sea de paso, los monjes nos lavamos el cuerpo de rodillas, sentados sobre los talones y con la espalda erguida. Antes de meternos en la bañera nos frotamos bien el cuerpo para desprendernos de la suciedad y procuramos no malgastar agua para enjuagarnos empleando un cubo que vamos llenando de agua caliente. Además, no hay que echarse grandes cantidades de agua para procurar hacer el menor ruido posible.

En algunos templos hay cuartos de baño en los que caben hasta diez personas a la vez. Lo ideal sería que aunque se sumergiesen cien personas en la misma bañera, el agua permaneciese limpia y cristalina como la de un río.

El único utensilio que hay en el cuarto de baño es un cubo para echarse agua. Y los únicos objetos que llevamos al entrar son una pastilla de jabón y un *tenugui* (o una toalla pequeña) para frotarnos. Antes de salir del cuarto de baño debemos dejarlo ordenado: colocar el cubo en el sitio asignado, y devolver el grifo a su posición original.

En los lugares donde se entra en contacto con el agua tienden a aflorar los instintos; en particular, en el lavabo y en el baño, por estar protegidos de las miradas ajenas. Por eso hay que mantenerlos especialmente limpios y comportarse correctamente según las normas. Si los descuidamos, estos lugares tienden al desorden pero si hacemos el esfuerzo de mantenerlos limpios y ordenados, nuestro espíritu estará en armonía.

Si nos adentramos en un baño húmedo, nuestro corazón se empañará. Si el baño tiene moho, nuestro corazón también se florecerá. Si no lavamos nuestro cuerpo a conciencia, tampoco lograremos eliminar las impurezas de nuestro corazón.

El cuarto de baño es uno de los espacios básicos de nuestra vida diaria, y si dejamos que se ensucie estaremos ensuciando también nuestro espíritu. Visto de otro modo, si mantenemos limpio el cuarto de baño estaremos influyendo positivamente sobre nuestro espíritu.

Hay un dicho que dice que nuestra vida debería ser fluida y pura como el agua. El agua es fuente de vida, y donde hay agua hay un camino a seguir.

Limpiando el cuarto de baño estaremos limpiando las impurezas de nuestro corazón.

¿CÓMO LIMPIAR EL CUARTO DE BAÑO?

El suelo del baño debe estar lo bastante limpio como para que nos sintamos a gusto arrodillándonos encima de él.

Las manchas de cal se eliminan con un cepillo, o con una esponja si el suelo está hecho de un material delicado, fácil de rayar. Para la suciedad incrustada emplearemos bicarbonato sódico.

Bañarse en un baño acabado de limpiar es tan relajante que a uno le entran ganas de tararear una canción pero ¿qué os parecería poneros en la piel de un novicio y poner en práctica el silencio?

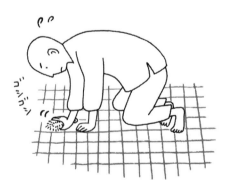

¡A frotar! ¡A frotar!

Colada

Hoy en día es impensable hacer la colada sin una lavadora, pero no hace mucho se lavaba la ropa a mano con un barreño, una tabla, una pastilla de jabón y lejía. Actualmente en los templos también se utilizan lavadoras pero hay prendas como los calcetines japoneses o *tabi* cuya suciedad hay que eliminar a mano.

Cuando llevamos la ropa sucia o manchada, nos sentimos incómodos durante todo el día. Si no es así, es un síntoma de que estamos descuidando nuestra apariencia y nuestro espíritu no está en armonía. Cuando nos ponemos una camisa de un blanco inmaculado nos sentimos más vitales. Llevar la ropa limpia, sin manchas hace que nuestro espíritu esté más firme.

Por cierto, la ropa interior de los monjes es de color blanco. Las vestiduras que llevamos debajo del hábito negro o *juban* son de color blanco, incluidos los calzoncillos. Cuando un monje budista se ordena, debe llevar calzoncillos blancos de un patrón determinado.

El color blanco, además de pulcritud, es sinónimo de sencillez. Rasurarse la cabeza, llevar una ropa determinada, seguir unas normas de comportamiento... todo ello conduce a eliminar lo superfluo y seguir la senda de Buda con humildad.

De hecho, vestir ropa interior blanca hace que te sientas más fresco. Aunque la cubras con ropa, puedes seguir sintiendo su blancura en la piel. A aquellos que no soléis poneros ropa interior blanca os recomiendo que lo probéis.

A la hora de tender la ropa, hoy en día la gente va tan ajetreada que suele recurrir a la secadora, y en caso de llegar a tenderla, muchos se ponen la ropa directamente para no tener que doblarla. Sin duda de este modo conseguiremos ahorrar tiempo, pero nuestro espíritu se estará volviendo cada vez más descuidado.

Secar la ropa de forma natural bajo el sol, guardar las cosas en su sitio, y sacarlas cuando sea necesario. Y sobre todo, hay que hacer la colada a diario: lavar, tender, doblar, y guardar. Sin duda requiere tiempo y esfuerzo, pero para evitar que sea una carga lo esencial es no dejar que se acumule. Las tareas del día hay que terminarlas el mismo día. Si hacemos de ello un hábito, cogeremos el ritmo y eliminaremos las manchas con más facilidad. Pero si holgazaneamos, y dejamos que nuestro estado de ánimo decida si nos apetece o no hacer la colada, iremos creando un poso de negatividad en nuestra conciencia.

La ropa no es lo único que debemos lavar y aclarar a diario. La colada es un buen ejercicio para limpiar el pensamiento de las pasiones y las preocupaciones mundanas, y no dejarnos llevar por la holgazanería.

¿CÓMO HACER LA COLADA?

Al mojarse, las prendas de algodón tienden a arrugarse, por lo que hay que tenderlas bien estiradas. Si nos limitamos a tender las prendas sin alisarlas con el único fin de que se sequen, no estaremos ejecutando correctamente la tarea de la colada.

Las manchas comunes de la ropa de los monjes suelen ser de té, de tinta o de sudor. Las de té o de tinta suelen ser producto de un descuido, y hay que humedecer la zona manchada y frotarla con jabón. Después sólo hay que aclararla, pero en caso de que la mancha persista se puede emplear bicarbonato sódico, que es un blanqueador natural muy eficaz. También funciona muy bien en las manchas de sudor o en la ropa amarillenta.

También se puede utilizar vinagre como suavizante.

En los templos, no tendemos la colada en un lugar visible desde el exterior sino que lo hacemos en las zonas traseras, en lugares bien ventilados, apartados de la vista de las visitas.

Hay que impedir que la ropa sucia se acumule; hacer la colada a diario aunque sea poca cantidad y tenderla enseguida. Así tendremos la vista despejada y no necesitaremos tanta ropa.

Qué agradable es tender la colada.

Plancha

Qué agradable es empezar el día vistiendo ropa bien planchada. Las vestiduras blancas que llevamos debajo del hábito (*juban*), a pesar de quedar ocultas están totalmente planchadas. Así uno tiene la sensación de empezar el día con el ánimo firme.

Las arrugas son un símbolo de vejez. Los monjes que mantiene su vitalidad a los ochenta y a los noventa años, no sólo se mantienen jóvenes de espíritu sino también de apariencia, y lucen pocas arrugas.

Sin duda, cuerpo y mente son indisociables: el cuerpo es un reflejo de la mente, al igual que la mente es un reflejo del cuerpo.

Debemos planchar con actitud firme, como si quisiéramos preservar la juventud. Evidentemente, después de planchar hay que doblar bien la ropa para que no se arrugue.

¿CÓMO PLANCHAR?

A la hora de planchar, hay que ser meticuloso, como si con ello quisiéramos alisar las arrugas de nuestro espíritu.

Además, nosotros no sólo empleamos la plancha para planchar la ropa sino que le damos un uso particular que quizá os pueda interesar. Cuando caen gotas de cera al suelo, colocamos un trozo de papel o papel de periódico encima y pasamos la plancha. De este modo el papel absorbe la cera y conseguimos eliminarla del suelo. Las manchas de cera en la ropa también se eliminan del mismo modo.

Si lo probáis, hacedlo con precaución.

Cambio de armario

He oído decir que cada vez hay más gente que no cambia de armario. Por lo visto se debe a que hay prendas que pueden utilizarse durante todo el año, y al aumento de ropa económica que puede adquirirse cada temporada. Sin duda sería muy práctico podernos ahorrar la faena de cambiar de armario cada cambio de estación.

Pero cambiar la ropa del armario, al igual que las limpiezas a fondo de fin de año, tienen un sentido que va más allá de lo práctico. Se trata de una costumbre estacional que nos permite prepararnos mentalmente para el cambio de estación. Si no cambiamos el armario perderemos una valiosa ocasión de renovar nuestro espíritu, y los meses del año transcurrirán de forma monótona.

Cambiar de armario es poner fin a una estación. Debemos sentirnos agradecidos hacia la ropa que nos ha reconfortado durante estos meses y lavarla bien o llevarla al tinte antes de guardarla. En ningún caso podemos guardarla pensando que ya la lavaremos el año que viene antes de ponérnosla. Para que la temporada siguiente podamos volver a ponernos esa ropa a gusto debemos aplicar la norma básica de la limpieza en los templos: «No dejes para mañana lo que puedas hacer hoy».

En nuestro mundo, nuestras prendas de ropa pueden ser de verano o de invierno. Y en la Verdadera Escuela de la Tierra Pura, el uno de junio y el uno de octubre son las fechas establecidas para llevar a cabo el cambio de armario.

Antes de realizar al cambio de armario hay que lavar bien la ropa. Debemos eliminar bien las manchas de suciedad y sudor y dejar que se seque al aire libre antes de guardarla si no queremos que huela mal o que se apolille.

También es el momento adecuado para reparar las prendas. Cuando llevas las vestiduras durante largo tiempo, los cordeles se desgastan, y los cuellos y los bajos se deshilachan. Hay que comprobar que estén bien antes de guardarlas.

Ahora la ropa ya está lista para ser guardada. Debemos tener a punto unas bolas de alcanfor. En los templos empleamos unos repelentes de polillas inodoros que venden tradicionalmente en las tiendas de incienso. Están hechos de sustancias naturales con propiedades repelentes extraídas del alcanforero o del ciprés *hinoki*.

Para guardar la ropa os recomiendo los armarios de madera de paulonia. Tienen propiedades repelentes, e incluso hay templos en los que no emplean más repelentes que el propio armario de paulonia. Evidentemente los armarios de madera de paulonia no son económicos y la decisión de comprar uno no se puede tomar a la ligera. Pero los objetos de calidad suelen ser muy duraderos y son una buena herencia.

La abuela del templo Kōmyōji, la madre del prior, cada vez que cambia de armario suele decir con melancolía: «Ya ha pasado un año más...». Y es que el cambio de armario marca el transcurrir de las estaciones y el paso del tiempo. Cuando termina una estación sentimos gratitud, y hacer el cambio de armario nos proporciona una ocasión perfecta para experimentar este sentimiento.

¿CÓMO HACER
EL CAMBIO DE ARMARIO?

Cuando pensamos en armarios de paulonia es posible que pensemos en los armarios para guardar quimonos, pero evidentemente, también sirven para guardar prendas de uso cotidiano. En muchos templos, los armarios de paulonia se transmiten de generación en generación, pues son muy duraderos. En el templo de Kōmyōji solemos emplear un repelente de polillas de una tienda de incienso tradicional de Kioto.

Vajilla

La vajilla que se utiliza en un templo es muy sencilla. Su diseño es clásico, sin ornamentos, consta únicamente de las piezas necesarias, y se utiliza durante decenas de años. En general consta de un bol de cerámica y un cuenco lacado.

Aunque resulten un poco más caros, se eligen los diseños clásicos, cómodos de usar y resistentes. Así, en caso de que se rompa una pieza, al tratarse de un diseño clásico es fácil conseguir una de repuesto.

Para vivir hay que comer. La vajilla es el utensilio imprescindible que contiene la comida que sustenta nuestra vida. Por eso hay que tener más cuidado aún a la hora de manipular la vajilla que con el resto de los utensilios.

Los monjes zen en el momento de su ordenación reciben un juego de cuencos *ōryōki*, o un cuenco de madera *jihatsu*, con el que tendrán que respetar los estrictos modales de la comida. En la Verdadera Escuela de la Tierra Pura no empleamos estos juegos de cuencos aunque siento una gran admiración por su diseño.

Los juegos de cuencos *ōryōki* constan de seis cuencos de tamaño decreciente que se ensamblan entre sí, y se guardan envueltos en un pañuelo de tela o *fukusa*, junto a unos palillos, una cuchara de madera y un paño. Cuando llega la hora de la comida, se sacan los utensilios y se disponen encima de la mesa mientras se espera en silencio a que se sirva la comida. En cada comida se usan tres cuencos, pero según que se trate del desayuno, el almuerzo o la cena, el tamaño de los cuencos varía.

El cuenco de mayor tamaño o *zuhatsu*, representa la cabeza de Buda, y como muestra de respeto, nunca se debe dejar directamente sobre el suelo sino que debemos colocarlo encima de un cuenco más pequeño.

Cuando el encargado de servir se sitúa ante nosotros, juntamos las manos (*gasshō*) como señal de respeto y le entregamos los cuencos para que los llene de arroz, sopa y encurtidos. La comida es uno de los tres momentos en que se debe mantener silencio: recibir los alimentos sin pronunciar palabra y con la mente serena.

Los alimentos son un don de la naturaleza, por lo que no nos está permitido desperdiciarlos ni dejar sobras. Cuando creemos que hemos recibido una ración justa, hacemos una señal para indicar que tenemos suficiente.

Por cierto, los novicios zen no lavamos los platos. Y eso se debe a que cuando terminamos de comer los cuencos ya están limpios. Para ello se emplea el *hassetsu*, una fina espátula lacada de 2,5 centímetros con un extremo recubierto de tela. El té que se sirve una vez finalizada la comida se va pasando del cuenco de mayor tamaño al de menor tamaño para eliminar los restos de comida con la ayuda de la espátula. Al final se purifican los cuencos con agua caliente, y tras beber esa agua, los cuencos quedan completamente limpios. Por último se secan con un paño.

En los templos zen, cometer el error de dejar caer un cuenco al suelo es una falta tan grave que uno debe recorrer el templo pidiendo disculpas a todos y cada uno de los monjes veteranos. Dejar caer algo equivale a manipularlo con descuido. Cada vez que se coge un cuenco hay que hacerlo cuidadosamente con las dos manos. En este gesto encontramos una belleza funcional. Si valoramos cada objeto, se verá reflejado en nuestros gestos. Y sin duda deberíamos mantener esta actitud en nuestra vida cotidiana.

Hay un dicho tradicional que dice: «Si devolvemos al río el agua que sobra en el fondo del cazo, llegará a diez mil millones personas a través de la corriente». Si nadie malgastase ni una sola gota de agua, conseguiríamos ahorrar el agua necesaria para miles de personas. Y no sólo debemos concienciarnos del valor de una gota de agua sino también del valor de las cosas que conforman nuestra vida cotidiana. No se trata únicamente de una finalidad ecológica, sino que evitar el despilfarro nos ayuda a no embrutecer nuestro corazón.

A pesar de todo, nosotros también empleamos una vajilla convencional para agasajar a nuestros invitados. Es importante no ser demasiado exigentes ni forzarse a hacer lo imposible. Nosotros también utilizamos pequeñas cantidades de detergente, y también de bicarbonato sódico para limpiar las tablas de cortar y los utensilios de cocina. Evidentemente, es mejor elegir aquellos productos naturales que no perjudiquen la salud ni el medio ambiente.

La vajilla contiene nuestra fuente de vida. Debemos ser cuidadosos con ella.

JUEGO DE CUENCOS *ŌRYŌKI*

Con los seis cuencos que conforman el *ōryōki* es suficiente para contener las comidas diarias. Los cuencos varían ligeramente de tamaño de mayor a menor y se ensamblan unos con otros siendo el conjunto de lo más compacto. El juego de cuencos *ōryōki* va acompañado de: una servilleta para colocar en el regazo (*hizakake*), un paño blanco para secar los cuencos (*fukin*), un salvamanteles para colocar los cuencos encima (*hattan*), una chuchara de madera (*saji*), unos palillos (*hashi*), una bolsa de tela para guardar la cuchara y los palillos (*shijotai*), una espátula (*hassetsu*), una tabla de madera lacada (*mizuita*), y un pañuelo de tela para envolver el conjunto (*fukusa*).

Los cuencos *ŌRYŌKI*
se ensamblan unos con otros. ¡Son muy prácticos!

Remiendos

¡Oh!

Inevitablemente, todos los objetos acaban desgastándose con su uso. Pero la mayoría, suelen desgastarse en una zona determinada, y si los remendamos, podremos seguir utilizándolos.

En los días que contienen un cuatro o un nueve, los novicios del templo de Eiheiji se encargan de poner a punto los objetos que tienen a su alrededor. Esta costumbre se conoce como *shikunichi* (día cuatro y nueve). El *shikunichi* también podría aplicarse en el hogar, y de este modo, dedicaríamos tiempo al mantenimiento de la casa y de los objetos personales de forma periódica.

En la actualidad podemos encontrar gran cantidad de objetos iguales o similares, y todo es fácilmente reemplazable. Es posible que pensemos que cuando algo se estropea, es más rápido y económico comprar uno nuevo que repararlo. Pero este estilo de vida no sólo afecta a los objetos sino también a las relaciones personales y nuestro corazón acabará desgastándose. Si valoramos cada objeto y le damos utilidad reparándolo cuando se estropee, hasta que se agote su vida útil, aprenderemos a ver de un modo distinto, no sólo los objetos sino también a las personas; y poco a poco nuestra mente recuperará la serenidad.

En lugar de desear siempre cosas nuevas, deberíamos aprender a conservarlas durante más tiempo, de este modo también aprenderemos a apreciar a la gente que nos rodea. Si remendamos los descosidos, es posible que recuperemos aquellas relaciones personales desgastadas.

Si no podemos devolver un objeto a su estado original con los remiendos, podríamos buscar una utilidad diferente a la función original del objeto. Un cubo de agua agujereado podría servir de maceta. Con un par de escobas de caña que han quedado inservibles podríamos hacer unos zancos.

Si basamos nuestra vida en la persecución ilimitada de nuevos objetos, nos estaremos dejando llevar por las pasiones y los sufrimientos mundanos, y perderemos nuestra libertad. Las personas que con un número limitado de objetos disfrutan haciendo trabajar el ingenio, experimentan la verdadera libertad. ¿Qué clase de persona preferiríais ser?

¿CÓMO HACER REMIENDOS?

RECIPIENTES, UTENSILIOS Y DEMÁS

Si una vasija de cerámica se agrieta podemos llevarla a un especialista para que la repare con oro o plata y de este modo mantener su belleza. Las ollas y las teteras hay que atornillarlas de vez en cuando y llevarlas a reparar cuando se estropeen.

ROPA

Cuanto más nos gusta una prenda, más rápido se desgasta. Si tenemos dos prendas agujereadas, nosotros solemos descoserlas y sacar una impecable. También zurcimos los calcetines que se agujerean.

LIBROS

Las páginas más leídas suelen acabar raídas pero si las reparamos podremos continuar leyéndolas. Si el desperfecto es pequeño se pueden reparar con cinta adhesiva, mientras que si es mayor tendremos que acudir a un especialista.

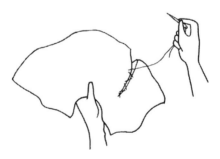

Desodorizar

A mucha gente la relaja el olor a incienso que se respira en los templos. Sin duda, los templos están impregnados del olor a incienso pero además, al tratarse de un espacio ordenado y pulcro su perfume se aprecia aún más.

Para eliminar los malos olores es básico ventilar. Hay que airear bien los espacios y dejar que el viento penetre en ellos. Es un modo de sentir el momento presente. Si hacemos de ello un hábito, tendremos la mente fresca y nos sentiremos a gusto, y notaremos como el desasosiego se va disipando.

¿CÓMO DESODORIZAR?

Detrás del buen olor que se respira en los templos están los ambientadores naturales como el carbón o las hojas de té verde.

Los cilindros de carbón blanco o *binchōzumi*, además de servir de adorno pueden utilizarse como combustible en caso de necesidad, por lo que en los templos su uso es muy frecuente. Se pueden combinar con flores o frutas de temporada para adornar la estancia. Los *binchōzumi* de la región de Kishū y la ciudad de Tosa son los más conocidos.

También se emplean las hojas de té verde que se ha servido a los invitados o los posos de café, que se dejan secar y se colocan en los zapateros o en los lavabos para eliminar los malos olores.

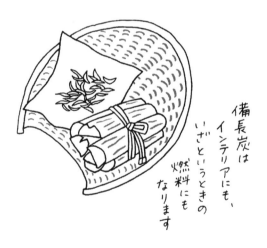

備長炭は、インテリアにも、いざというときの燃料にもなります

Los *binchōzumi*,
además de servir de adorno se pueden usar como combustible.

Moho

A airear, a airear.

¿Por qué aparece el moho? El moho es un organismo vivo que prolifera cuando encuentra unas condiciones favorables. Tiene predilección por los lugares sombríos, húmedos y mal ventilados. Independientemente de cómo sea la habitación, el moho nunca prolifera en las estancias vacías. Cuando somos incapaces de poner orden porque hemos acumulado demasiadas cosas, estaremos creando un hábitat propicio para que aparezca el moho, pues con ello estaremos interceptando la luz y evitando que el espacio se airee creando un ambiente húmedo. Acumular demasiadas cosas hasta el punto de ser incapaces de ordenarlas es un síntoma que indica que nuestro espíritu no está en armonía. Y por lo tanto, si hay moho a nuestro alrededor, nuestro espíritu también estará criando moho.

Lo principal es no crear un ambiente que favorezca la proliferación del moho. Y para eso es básico no poseer objetos innecesarios ni tampoco acumularlos. Es inevitable deshacerse de lo innecesario. Hay que ser ordenados, secar los utensilios tras su uso y guardarlos en su sitio correspondiente, en especial, en los lugares donde el agua está presente como el baño o la cocina, propensos a la humedad. En los edificios actuales, las ventanas son herméticas y la condensación que se forma propicia la proliferación del moho. Para evitarlo debemos secar las ventanas con un paño. Si eliminamos bien la humedad no necesitaremos aplicar ningún producto fungicida.

Las habitaciones con moho no son saludables ni para la mente ni para el cuerpo.

¿CÓMO ELIMINAR EL MOHO?

Normas para eliminar el moho:

1. No acumular objetos innecesarios.
2. Ventilar los espacios, secar la humedad.

Para evitar que nuestro espíritu críe moho, debemos empezar por evitar crear ambientes propicios a su proliferación. Si no acumulamos demasiados objetos y mantenemos el orden, nuestro espíritu estará despejado y bien aireado.

Éste lo necesito. Éste no lo necesito.

LIMPIAR
LAS HABITACIONES

Suelo

Entre las tareas de limpieza que se realizan en un templo, fregar el suelo es la tarea básica por excelencia. En los templos, donde un gran número de novicios ejecutan las tareas manuales, no hay ni un solo día del año en que no se limpie la galería del templo.

Los suelos de madera de los templos fueron construidos hace centenares de años, y han sido fregados a conciencia diariamente, por lo que su superficie oscura se asemeja a la de una losa pulida. Si uno visita un templo bien cuidado, por más que deambule por su interior, los calcetines blancos permanecerán inmaculados, sin ennegrecerse. Fregar unos suelos tan bellamente conservados es una tarea que forma parte del adiestramiento de los monjes. Deben fregarse a diario, no importa que estén limpios o no, pues fregar el suelo es limpiar el espíritu.

En el hogar, el objetivo principal de la limpieza es eliminar la suciedad, y es posible que uno se pregunte qué sentido tiene fregar un suelo que está inmaculado. Pero cuando uno friega el suelo todos los días, se da cuenta de que en realidad está purificando su alma.

Cuando hay suciedad y desorden en nuestro interior, eso se manifiesta con la aparición de suciedad y desorden a nuestro alrededor. Si descubrimos una mancha en el suelo mientras fregamos, es un signo de que nuestro espíritu no está en armonía. Si somos capaces de detectar los desequilibrios que se producen en nuestro espíritu a través de las señales que se manifiestan en el exterior podremos utilizarlo en sentido contrario, y aprender a enderezar el espíritu poniendo orden a nuestro alrededor.

Si no limpiamos la casa, el polvo se acumulará. Las hojas secas caen sobre el suelo recién barrido. Lo mismo ocurre con nuestro espíritu. En el preciso instante en que creemos haber terminado de limpiarlo, la suciedad ya vuelve a acumularse de nuevo. El apego al pasado, la inseguridad hacia el futuro llenan nuestros pensamientos, y nuestra mente se aleja del «ahora». Por esta razón, nosotros nos esforzamos al máximo en fregar el suelo. Limpiar es un ejercicio para concentrarse en el momento presente. Ése es el motivo por el que ponemos tanto énfasis en mantener las estancias pulcras.

El templo Jissōin en Kioto es famoso porque en otoño se puede contemplar el reflejo de las tonalidades rojizas de las hojas de arce sobre su suelo de madera. Sin duda habrán fregado incontables veces el suelo para que luzca ese color negro brillante.

Si fregáis el suelo de vuestra casa con esmero, quizá logréis ver el reflejo de vuestra alma.

¿CÓMO FREGAR EL SUELO?

Antes de empezar a fregar debemos barrer el suelo. Una vez que hayamos terminado de barrer, empezaremos a fregar, y para ello emplearemos un trapo bien escurrido que iremos lavando en un cubo de agua. No emplearemos ningún detergente, ni tampoco es necesario pasar un paño seco. Si escurrimos bien el trapo, se secará casi al instante.

Cuando estemos fregando el suelo debemos liberarnos de las preocupaciones y concentrarnos en la tarea. Si lo hacemos solos, nos centraremos en nosotros mismos, mientras que si lo hacemos en equipo, deberemos tener en cuenta el trabajo que hacen los demás y ser conscientes de la función que nosotros tenemos en conjunto.

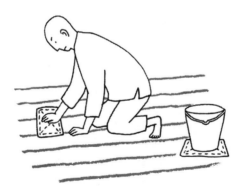

Tokonoma y sala de invitados

El *tokonoma* es un espacio ligeramente elevado del suelo, en cuya pared se cuelga un rollo colgante de pintura o caligrafía (*kakemono*), y en cuya base se coloca un arreglo floral o un incensario. El uso del *tokonoma* se extendió en la mayoría de los hogares durante el periodo Edo (1603-1868), y se ha convertido en un símbolo de las estancias de estilo japonés. En él se representan las cuatro estaciones del año, y se da la bienvenida a los invitados. Cuando nosotros tenemos invitados, solemos poner especial atención al *tokonoma*.

Pero, además, no debemos descuidar la limpieza de los lugares poco visibles como el enrejado de las puertas correderas (*shōji*) o entre las puertas correderas de papel (*fusuma*), pues nuestros invitados podrían levantarse y ponerse a observar hasta el último rincón de la estancia.

Pero aunque la suciedad y el desorden no sean visibles, se pueden palpar en el ambiente. Aunque pensemos que podemos ocultar el desorden detrás de unas puertas de armario, el caos que reina en él se percibe en el aire. Por supuesto también hay que limpiar el polvo de los lugares difíciles de alcanzar como el dintel (*ranma*).

Una vez que hayamos limpiado toda la sala de invitados, comprobaremos con detalle que no quede ningún rincón polvoriento, ni que haya objetos innecesarios a la vista, y que todo esté bien ordenado.

Además, como vamos a recibir invitados, tampoco puede faltar nada. Hay que tener preparado suficiente té y dulces, comprobar que hay agua caliente en el termo, y contar que haya tantos cojines para sentarse como invitados vengan.

Hay que tener en cuenta todos estos detalles para que los invitados se sientan cómodos. El objetivo de nuestra hospitalidad es que cuando los invitados se marchen, tengan un recuerdo agradable de su estancia. La hospitalidad de un templo consiste en crear un ambiente en el que los invitados puedan relajarse y concentrarse en la conversación en lugar de distraerse con cosas superfluas. Si hay polvo o las ventanas están manchadas, eso distraerá su atención y dificultará que surja una conversación fluida. Por eso, también debemos evitar decorar el *tokonoma* con adornos ostentosos o demasiado singulares. Es preferible decorarlo de forma sencilla y ocurrente, pues lo que pretendemos es que nuestros invitados se sientan relajados.

Hay un dicho zen que dice: «Adelante, tómese un té». Y representa la hospitalidad por excelencia. No importa quién venga a visitarnos, lo importante es agasajarlo de modo que podamos establecer contacto de forma natural.

¿CÓMO LIMPIAR EL *TOKONOMA*?

Primero hay que pasarle un trapo seco y después uno húmedo. Si lo hacemos con esmero, podremos sacarle brillo con sólo pasarle el trapo seco. Por último lo adornaremos con un rollo colgante acorde con la estación del año, y unas flores sencillas.

Butsuma

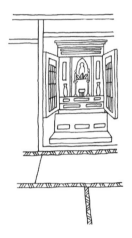

En algunas ocasiones, los monjes visitamos las casas para recitar unos *sutras*. Tras entrar en el recibidor, solemos cruzar un pasillo, pasar por la sala de invitados hasta llegar al *butsuma*, la habitación donde se encuentra el altar budista o *butsudan*, que en algunos casos se encuentra justo al lado del recibidor. La construcción de las casas puede variar, pero lamentablemente hay algo que suelen tener en común. Y es que en la mayoría de los hogares no cuidan del *butsuma*. En el peor de los casos, el *butsuma* se ha convertido en un trastero, donde se guardan inmensas máquinas de gimnasio abandonadas, cubiertas de una gruesa capa de polvo. Sin duda es decepcionante.

    ¿Tenéis un altar budista o *butsudan* en casa? El altar budista, tal como indica su nombre, es un lugar donde se coloca una figura de Buda. Aunque para muchos se trata únicamente de un lugar donde se venera a los antepasados que han alcanzado la *budeidad*. Así pues, podríamos considerar que el altar budista o *butsudan* es el pequeño templo del hogar.

Os animo a acoger a Buda en vuestro hogar y de este modo crear un lugar donde la mente encuentre sustento y donde poder expresar el sentimiento de gratitud. En los pisos pequeños donde el espacio es limitado, con un poco de ingenio se puede crear un *butsudan* a medida, como por ejemplo, encima de una estantería. Debemos hacer una ofrenda de comida por la mañana y otra por la noche, a una hora determinada; y entonar una plegaria juntando las manos. Así lograremos que el día transcurra con sosiego.

Si el *butsudan* fuese la sala principal de un templo, el *butsuma* sería el recinto del templo. Si permitimos que esta habitación esté sucia y desordenada, toda nuestra vida será confusión y desorden. Si pensamos que tanto el altar budista como la habitación que lo contiene son un pequeño templo en el interior del hogar, deberemos mantenerlos incluso más limpios que el resto de las habitaciones.

¿CÓMO LIMPIAR EL *BUTSUMA*?

Al igual que la sala de invitados, el *butsuma* debe ser un lugar pulcro y con una disposición sencilla, pues se trata de un espacio en el que poder rezar con tranquilidad.

El incensario: La superficie de la ceniza se uniformiza con una espátula dentada (*hainarashi*). Si la ceniza está compacta, emplearemos un tamizador de ceniza (*haifurui*) para airearla, y así permitir que las barritas de incienso se consuman hasta el final.

La imagen de Buda y las tablillas mortuorias: Hay que tener cuidado de no tocar directamente con las manos o frotar con un paño las partes recubiertas de pan de oro, sino que se debe quitar el polvo delicadamente con un plumero.

El altar budista (*butsudan*) y los objetos ceremoniales: Se trata de objetos muy delicados. Los que están lacados o son de oro se pueden frotar suavemente con un paño blando. Hay que tener cuidado de no emplear paños rígidos o productos de limpieza porque podrían decolorar los objetos. Hay trapos especiales para la limpieza del altar. Pero para limpiar a fondo el *butsudan* es mejor acudir a un profesional.

Shōji

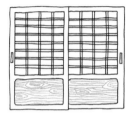

Una de las tareas manuales que se llevan a cabo en un templo es renovar el papel de las puertas correderas enrejadas o *shōji*. A menudo ocurre que los visitantes, en especial los niños, agujerean accidentalmente el papel. Los trozos dañados se reparan inmediatamente, pero aunque no se rompa, con el paso del tiempo el *shōji* acaba polvoriento, pues al estar hecho de papel no se puede fregar con un trapo. Así pues, el papel del *shōji* debe cambiarse periódicamente, y en nuestro caso, lo hacemos en cada cambio de estación.

Hoy en día es muy habitual utilizar objetos de un solo uso, y apenas damos valor a los objetos. Pero en cuanto al *shōji*, no se puede comprar uno nuevo cada vez que se rompe o se ensucia, ni tampoco existe el papel irrompible; por lo que su mantenimiento requiere de un cuidado periódico. Lejos de ser un fastidio, para nosotros que vivimos acostumbrados al estilo de vida actual, esta clase de incomodidades nos sirven de lección. El uso del *shōji* hace que tomemos conciencia de lo laborioso que es construir los objetos cotidianos que nos rodean, y que de este modo los tratemos con más cuidado. Ocuparse personalmente del mantenimiento de estos objetos transmite a través de ellos la calidez de nuestro corazón al ambiente. Y sin duda, las atenciones con las que el dueño de la casa mima cada rincón de su hogar no pasarán inadvertidas y reconfortarán el corazón de los invitados. Cambiar el papel del *shōji* es una buena ocasión para aprender a ocuparse del mantenimiento del hogar. Si hacemos que los niños participen, pegando ellos mismos el papel, ya nunca volverán a romperlo.

¿CÓMO CAMBIAR EL PAPEL DEL *SHŌJI*?

Antiguamente se empleaban unas hojas pequeñas de papel que se iban pegando sucesivamente según la altura del enrejado, pero actualmente se ha extendido el uso de una sola hoja grande. Para cambiar el papel del *shōji* se deben seguir estos pasos:

1. Con una esponja empapada de agua se humedece el enrejado para que se deshaga la cola y así poder despegar el papel que deseamos reemplazar.
2. Limpiamos bien el enrejado y lo dejamos secar completamente.
3. Fijamos el extremo del rollo de papel sobre el enrejado con cinta adhesiva. Aplicamos cola abundante con un pincel, y antes de que se seque, hacemos rodar el rollo de papel para que se pegue.
4. Por último, cortamos el papel sobrante con un cúter.

Iluminación

Limpiar las lámparas que cuelgan del techo no es una tarea fácil por lo que no se suelen limpiar a diario. Ni siquiera nosotros, los monjes, lo hacemos. Pero precisamente cuando se trata de lugares difíciles de acceder, que no solemos limpiar habitualmente, es recomendable fijar un día y realizar la limpieza de forma periódica. De este modo siempre se mantendrán limpios y no descuidaremos ningún lugar. En el templo Eiheiji, dedicamos los días que contienen un tres o un ocho a realizar la limpieza de aquellos lugares que no limpiamos a diario.

A menudo, la limpieza de estos lugares requiere la colaboración de varias personas, así que en casa podéis pedir la ayuda de otros miembros de la familia.

En la actualidad la electricidad llega a todos los hogares, pero antiguamente, una vez se ponía el sol, la luz era muy escasa. Hoy en día ya no valoramos el uso de la electricidad, pero debemos mantener limpias las lámparas para que la suciedad y el polvo no enturbien la luz.

En el budismo la luz tiene un significado profundo y es símbolo de sabiduría y compasión. Precisamente, el nombre de mi templo es Kōmyōji, que significa «el templo de la luz resplandeciente de Buda».

El objetivo último del budismo es liberarnos del sufrimiento y alcanzar la iluminación. Y la principal causa del sufrimiento es la ausencia de luz (*mumyō*), es decir, perderse en la oscuridad. En esa situación uno es incapaz de ver la verdad, y es arrastrado por las pasiones y los sufrimientos mundanos que originan el sufrimiento. La luz, es decir la sabiduría, acaba con la oscuridad y permite que la mente y el cuerpo sean capaces de discernir la verdad.

La luz que emana de la cabeza del Buda Amihāb representa el deseo de salvación de todos los hombres. Cuando la luz de la sabiduría de Buda te ilumine, serás capaz de liberarte de la indecisión.

Si cuando limpiamos las lámparas pensamos que estamos abrillantando la sabiduría que nos liberará de la oscuridad, es posible que nuestras preocupaciones diarias se vean un poco aligeradas.

¿CÓMO LIMPIAR LAS LÁMPARAS?

Para limpiar una lámpara, primero hay que quitar el polvo con un plumero y después fregarla con un trapo bien escurrido. Es mejor hacerlo entre dos. Mientras uno sube a la escalera, el otro permanece debajo sujetándola y pasándole los utensilios de limpieza. Limpiar con meticulosidad las lámparas iluminará nuestra alma.

He aquí el emotivo poema del maestro Shinran Shōnin (1173-1262):

Cegado por las pasiones y los sufrimientos mundanos
No veo la luz de la sabiduría de Buda Amihāb.
Pero su profunda misericordia
Me ilumina sin cesar.

LIMPIAR LOS ESPACIOS EXTERIORES

Entrada

Mira a tus pies

En japonés la etimología de la palabra *genkan* (entrada) significa «barrera que hay que superar para entrar a una vía aventajada». Así pues, la entrada (*genkan*) es la barrera que deben sobrepasar los novicios para acceder al adiestramiento, y si la entrada está sucia de nada servirán las enseñanzas posteriores. Por eso ponemos especial esmero en mantener su pulcritud.

La utilización de la palabra *genkan* se extendió de la clase samurái a los hogares corrientes hasta la actualidad. Evidentemente, hoy en día, una casa no se puede comparar con el lugar de adiestramiento de un monje, por lo que no es necesario ser demasiado estrictos. Pero aun así, la entrada sigue marcando el límite entre el exterior y el interior de la casa y es muy importante mantenerla limpia.

En la entrada de los templos o en sus aseos, podéis encontrar un cartel que dice: «Mira a tus pies». Esta expresión puede tener diversos sentidos: fijarse en los pies y por lo tanto «dejar los zapatos bien alineados», o empezar mirándose los propios pies para «conocerse a uno mismo y reflexionar sobre su propia conducta».

Aquellos que son incapaces de dejar los zapatos alineados tras quitárselos tienen la mente dispersa. Los que habitualmente tienen cuidado de dejarlos bien puestos, pero que por andar con prisas o estar inmersos en otros pensamientos, dejan los zapatos desalineados, muestran un síntoma de estar alejados del momento presente. Para recuperar el equilibrio de nuestro espíritu debemos empezar alineando los zapatos al descalzarnos.

En la mayoría de las casas hay un zapatero en la entrada. En las ceremonias funerarias, donde se reúne un gran número de monjes budistas, los zapateros del templo se llenan de una larga hilera de sandalias (*setta*) de tiras blancas bien alineadas. Es una imagen típica de un templo que personalmente me agrada ver (aunque como las sandalias se parecen tanto, a menudo ocurre que acaban llevándose otras por error).

Una vez que abrimos las puertas y entramos al recibidor, accedemos a una zona llamada *tataki*. Su nombre proviene del material con el que está pavimentado, una mezcla de cal y agua. Es el único lugar del interior de la casa donde se permite llevar calzado por lo que se ensucia más fácilmente que el resto de las estancias y debe limpiarse con frecuencia. El *tataki* es el lugar donde uno se descalza. No está bien que dejemos los zapatos de invierno siendo verano o viceversa. El cambio de armario debe incluir también el calzado. Hay que sacar el que corresponda a la época del año y limpiar bien el calzado que no nos vayamos a poner antes de guardarlo.

Recordad la importancia de alinear bien los zapatos tras descalzarnos. Hay que mantener la entrada despejada y ordenada, colocando únicamente lo necesario en el lugar que le corresponde. Si probáis a hacerlo, seguro que vuestro espíritu recuperará el equilibrio de forma natural.

¿CÓMO LIMPIAR LA ENTRADA?

El *tataki*: En el *tataki*, la parte no entarimada del recibidor donde se permite acceder calzado, se acumula con facilidad la tierra y el barro de los zapatos, las pelusas y el polvo, por lo que debemos limpiarlo con frecuencia. Habrá quien piense que con la escoba que se emplea para el exterior es suficiente para eliminar la suciedad, pero para limpiar bien el *tataki* es necesario fregar con un trapo húmedo o una fregona. En los templos, al tratarse de un lugar muy concurrido, se friega con agua varias veces al día.

La puerta: Lo primero que ven los invitados cuando llegan es la puerta. Cuando hacemos limpieza, pocas veces se nos ocurre limpiarla. Pero no hay que olvidar pasar un paño por las zonas que entran en contacto con las manos, como por ejemplo el pomo.

La placa: Nuestro nombre nos representa. Si la placa con nuestro nombre está polvorienta o mugrienta, eso repercute directamente sobre nosotros. Mantengámosla siempre brillante eliminando el polvo y las manchas con un paño.

Cuando el carbón que se usa como
ambientador pierde eficacia, hay que hervirlo con agua y dejar que
se seque para que recupere sus propiedades. El carbón blanco o **binchōzumi**
de calidad, además de desodorizar es muy decorativo.

Jardín

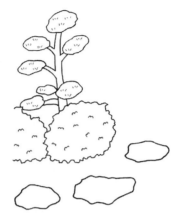

Para nosotros, el jardín es un lugar donde podemos comunicarnos con la naturaleza. Los humanos no pueden vivir en medio de la naturaleza salvaje pero tampoco pueden vivir aislados de ella. El jardín es el lugar perfecto para aprender sobre el frágil equilibrio en el que vivimos.

Hay muchas clases de jardín según el templo, como los que representan simbólicamente la naturaleza, o aquellos que representan la Tierra Pura; pero sin duda, todos tienen una visión particular del mundo. El modo en que uno interpreta un jardín es el reflejo de su alma.

Un jardín es un pedacito de la naturaleza y cada vez que lo observemos podremos notar los cambios. Primero escucharemos la vegetación y después escucharemos la respuesta de nuestro corazón; pues el jardín es un lugar de diálogo entre el hombre y la naturaleza.

Cuando lo hayamos observado con atención, procederemos a realizar los cuidados del jardín. Debemos tener cuidado, pues las herramientas de jardín se oxidan fácilmente. Si no eliminamos el óxido acabaremos empleando más fuerza de la necesaria y podríamos llegar a lesionarnos. Una vez que hayamos terminado de usarlas, hay que eliminar el barro, afilarlas y secar completamente la humedad. Así, la próxima vez que tengamos que arreglar el jardín empezaremos con buena predisposición.

En el cuidado del jardín es importante decidir cuáles van a ser las tareas del día y no intentar hacer lo imposible. Si pretendemos realizar todo el trabajo en una jornada, el cansancio hará mella en nosotros y acabaremos por abandonar. Adaptémonos al ritmo de la naturaleza y vayamos paso a paso.

Los cuidados del jardín se llevan a cabo por la mañana o por la tarde. Se empieza por la mañana, se descansa durante el mediodía cuando el sol está en lo más alto, y se reemprende la tarea cuando empieza a declinar.

No hay que olvidarse de hidratar nuestro cuerpo. El té de las diez de la mañana y el té de las tres de la tarde tienen su importancia. Si nos tomamos un respiro de vez en cuando, trabajaremos con más ganas hasta el final.

Hay que evitar el uso de herbicidas. Perjudican a los seres vivos como los gusanos y los topos, y podrían influir negativamente en la calidad de la tierra. Cuidar de un jardín implica respetar en conjunto la naturaleza, pues todos los seres vivos están relacionados entre sí. Comunicarnos con la naturaleza enriquece nuestra mente. Debemos observarla con atención y reflexionar sobre nosotros mismos a través de su ejemplo.

¿CÓMO CUIDAR DEL JARDÍN?

Para realizar las tareas del exterior hay que tener en cuenta la indumentaria. Debe ser cómoda y fácil de lavar como el *samue* y los calcetines y los guantes de trabajo que solemos llevar. Los monjes además llevamos un pañuelo de algodón (*tenugui*) o una toalla en la cabeza para protegernos. Los cuidados de un jardín consisten en regar las plantas si están mustias, y podarlas si han crecido. Si queréis cortar una planta de cuajo, hundid ligeramente la hoz en la tierra para poder arrancarla de su raíz, pero no demasiado, pues la hoz se llenaría de barro y acabaríais por cavar un agujero.

Ventanas

El cristal es símbolo de transparencia y desapego. Si el cristal de las ventanas está empañado o manoseado, nuestro espíritu acabará enturbiándose también.

El pensamiento budista da mucha importancia a ver la auténtica naturaleza de las cosas (*shōken*), e insiste en romper el filtro del egocentrismo que nos nubla la vista. Ver las cosas tal como son, y aceptarlas como tal. Si somos capaces de actuar de este modo de forma natural llegaremos a conocer la verdad absoluta (*satori*).

El ideal de las ventanas de cristal es que nos permita ver las cosas tal como son (*shōken*), que estén tan limpias y transparentes que podamos ver el paisaje a través del cristal sin que apenas nos percatemos de su existencia.

Así pues, debemos limpiar bien los cristales sin dejar ni una sola mancha.

¿CÓMO LIMPIAR LAS VENTANAS?

Un truco para limpiar los cristales de las ventanas es utilizar papel periódico. Arrugamos una hoja de papel y lo empapamos con un poco de agua y detergente; y ya podemos empezar a frotar el cristal. Es mejor utilizar papel que un trapo de tela porque una última pasada con un trapo de tela dejaría restos de pelusa.

Primero hay que eliminar la suciedad más visible con una pasada rápida, y por último hacemos una pasada de lado a lado con el papel periódico hasta que el cristal quede completamente seco.

El detergente puede comprarse o elaborarse con ingredientes que tengamos a mano. Consiste en mezclar agua jabonosa con vinagre, y es muy eficaz para eliminar las manchas.

Eliminar todas las manchas del cristal y del espíritu.

Mosquitero

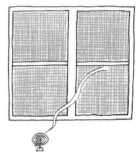

Una vez que hemos limpiado los cristales, no debemos olvidarnos del mosquitero. Al estar en contacto con el exterior, la tela metálica del mosquitero suele estar más sucia de lo que imaginamos. Cuando abrimos la ventana, el aire entra a través del mosquitero, así que si está sucio, el aire que entra también lo estará. No debemos dejar que la suciedad se acumule hasta el punto de obstruir la tela.

No podemos vivir sin respirar. Cuando se practica la meditación sedente o *zazen*, el control de la respiración es muy importante. La respiración es el flujo de aire entre el interior del cuerpo y el exterior.

Por otro lado, una casa respira a través de sus ventanas. Si la red metálica del mosquitero está obstruida, el aire será turbio y la casa se ahogará. Así pues, debemos mantener los mosquiteros limpios para que circule bien el aire.

¿CÓMO LIMPIAR
EL MOSQUITERO?

Después de lavar los mosquiteros hay que secarlos bien antes de volver a colocarlos. Si no están lo suficientemente secos, el agua goteará y ensuciará el suelo y el marco de las ventanas.

Si se friegan con un trapo periódicamente será suficiente, pero si están muy sucios no debe darnos pereza quitar el mosquitero y pasarle agua. Si lo frotamos con un cepillo los pequeños orificios de la tela metálica quedarán completamente limpios.

Debemos limpiarlo meticulosamente para que nuestro espíritu se airee.

Camino de acceso

En los templos suele haber un camino de acceso o *sandō* que conduce hacia el santuario. Aquellos que vayan a rendir culto remontarán este camino hasta llegar ante la imagen del Buda principal. Andar por este camino tras adentrarse en el recinto del templo hace que tu mente se vaya preparando para venerar a Buda.

En el hogar, al igual que los en los templos, el trayecto que conduce del exterior a la puerta de casa es un camino importante: en él nos despedimos antes de empezar la jornada, y por él regresamos con el corazón lleno de agradecimiento tras finalizar el día.

Si justo antes de entrar, de pie sobre el camino de acceso a casa, contenemos las prisas que nos impulsan a seguir adelante y nos paramos a respirar profundamente, sentiremos que nuestro corazón se llena de agradecimiento.

¿CÓMO LIMPIAR
EL CAMINO DE ACCESO?

Si sabemos a qué hora regresan a casa los miembros de nuestra familia, podríamos regar el suelo del exterior (*uchimizu*) antes de que lleguen para refrescar el ambiente. Así, cuando lleguen verán que hay alguien esperándoles en casa y se sentirán agradecidos; mientras que los que esperan se sentirán a la vez agradecidos de verlos regresar. En los bloques de pisos, el camino de acceso podría ser el trayecto del ascensor a la puerta del piso. Si mantenemos limpios los espacios comunes, los vecinos también se sentirán agradecidos.

Terraza

En mi templo, el Kōmyōji, hemos dedicado una parte del recinto del templo para crear «la terraza de acceso abierto de Kamiyacho». Los días laborables al mediodía, la terraza se llena de personas que trabajan en el vecindario que traen su propia comida y bebida, y vienen a disfrutan de lo que ellos llaman cariñosamente «la cafetería del templo».

En una casa, este espacio equivaldría a una terraza en el jardín o un balcón. Se trata de un lugar donde, los días de buen tiempo, poder ofrecer té a los invitados o leer relajadamente con la familia los días festivos.

Un espacio dedicado a liberar el espíritu, debe estar ausente de distracciones como la suciedad o la basura. Recordemos que la hospitalidad empieza por la limpieza. Creemos un bello espacio en el que todos podamos sentirnos felices.

¿CÓMO ARREGLAR LA TERRAZA?

Para crear un espacio en el que nuestro espíritu se sienta libre, no pueden faltar plantas. Si la terraza da al jardín, debemos tenerlo bien cuidado. Y si no tenemos jardín, introduciremos la naturaleza en nuestra terraza con unas macetas bien cuidadas. Si esperamos invitados, antes debemos pasar un trapo por aquellos lugares que nuestros invitados puedan tocar como la mesa, las sillas y la barandilla. También debemos fijarnos bien y eliminar las telas de araña.

HIGIENE PERSONAL Y LIMPIEZA DEL ALMA

Lavarse la cara

Además de hablar sobre la limpieza de todo aquello que nos rodea, me gustaría hablar también sobre la higiene personal y la limpieza del alma. Por la mañana, por ejemplo, nada más levantarnos, nos lavamos la cara. Es un hábito común en todos los hogares, pero ¿qué significado tiene esta acción?

El maestro Dōgen Zenji (1200-1253) dijo en una ocasión: «¿Aún no te has lavado la cara? Todas tus acciones son una descortesía». Con ello quiso decir que si uno no se lava la cara tras levantarse, todo lo que haga será considerado una falta de respeto.

No nos lavamos la cara porque esté sucia. Lo importante es lavársela, independientemente de que esté limpia o no. No podemos relacionarnos con otras personas sin antes habernos lavado la cara. Purificar el cuerpo y el espíritu forma parte de los modales básicos para entablar contacto con otra persona.

En el templo Eiheiji empleamos un pañuelo de algodón (*tenugui*) de más de dos metros de largo llamado «pañuelo para lavar la cara y las manos» (*senmenjukin*). Con él nos cubrimos el cuello y las mangas para evitar que el agua salpique la ropa mientras nos lavamos la cara.

Cuando nos lavamos la cara sólo utilizamos el agua que cabe en una palangana. Y con esa agua tenemos suficiente para lavarnos los dientes, la cara y la cabeza. El agua es un don de la naturaleza, y es imprescindible para el hombre por lo que no se debe malgastar. Aceptamos una pequeña porción de este preciado bien para lavarnos la cara mientras nos sentimos agradecidos a la naturaleza.

Como habitualmente no iréis vestidos con prendas tradicionales japonesas, no es necesario que utilicéis pañuelos largos, sino que en el hogar podéis emplear toallas de tocador normal. Pero siempre hay que tener presente que el agua no se debe malgastar. Llenaremos una sola palangana de agua sin dejar el grifo abierto. Tras utilizar la toalla, la aclararemos y la pondremos a secar al sol.

No se debe menospreciar el hecho de lavarse la cara. Hay que ser consciente de la importancia de las acciones que repetimos a diario y realizarlas con esmero. Es el secreto para mantener el alma limpia.

¿CÓMO LAVARSE LA CARA?

Llenaremos una palangana con un poco de agua. Como el objetivo no es eliminar la suciedad, no es necesario utilizar jabón. Nos lavaremos la cara de arriba abajo siguiendo un orden: empezando por la frente, las cejas, los ojos, la nariz, las mejillas... Y después de detrás de las orejas al mentón. Cuando nos lavamos la cara nuestra mente se despeja. Es el momento de despertar, no importa cuánto madruguemos. Y sin darnos cuenta, también estaremos purificando nuestro espíritu.

Dormir

Uno de los principios básicos de la vida monástica es acostarse y levantarse pronto. Aunque madruguemos, si nos vamos a dormir pronto no nos faltarán energías para sobrellevar el día. Si durante el día ejercitamos nuestro cuerpo a fondo en las tareas del templo y leemos en voz alta los *sutras*, por la noche estaremos tan agotados que dormiremos profundamente. No tendremos dificultad en conciliar el sueño y el sueño será sin duda reparador.

La palabra *Buda* significa «aquel que está despierto». Si llevamos una vida ordenada, lograremos dormir bien, y mantenernos bien despiertos bajo la luz del sol.

TRUCOS PARA DORMIR BIEN

Mover el cuerpo durante el día, y acostarse pronto. Dormir más tiempo del que el cuerpo necesita para reponerse es perder el tiempo. El afán de dormir es una de las pasiones mundanas que debemos evitar. Dedicar más tiempo de lo necesario a dormir es caer en la tentación.

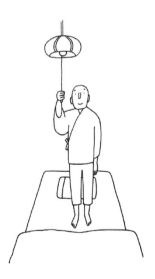

Respiración

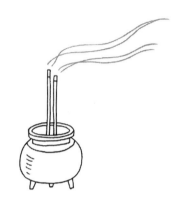

Aquellos que hayan practicado yoga lo sabrán muy bien. En la India, desde la antigüedad, el control de la respiración se considera la base para armonizar el espíritu. Cuentan que Sakyamuni logró la Iluminación meditando en silencio y controlando la respiración, bajo el árbol de la Bodhi.

Nuestra vida transcurre imperceptible mientras estamos despiertos y dormidos. El corazón late, la sangre circula, el estómago digiere, y los pulmones respiran de forma involuntaria. Pero de entre todos estos movimientos involuntarios que constituye las funciones vitales de un ser humano, el único que podemos controlar a voluntad es la respiración. Cuando estamos alterados, nuestra respiración se altera también; y eso se debe a que nuestra mente está conectada con la respiración.

Así pues, debemos ser conscientes de la respiración y respirar correctamente.

¿CÓMO RESPIRAR?

La base de la respiración es «inspirar tras expirar». Antes de dejar entrar algo nuevo, hay que expulsar lo que ya tenemos dentro. Controlando la respiración correctamente conseguiremos ejercer una influencia sobre nuestro inconsciente y nuestro espíritu recuperará el equilibrio.

1. Centraremos nuestra atención en el bajo vientre, y expulsaremos el aire por la boca lentamente ejerciendo presión en el abdomen.
2. Cuando hayamos expulsado todo el aire, inhalaremos con fuerza por la nariz como si quisiéramos llenar de aire el bajo vientre.

Lavarse los dientes

あーん

Aaah...

La boca tiene una función vital dentro de nuestro cuerpo. Interviene en funciones esenciales como comer, hablar y respirar. El budismo divide las acciones humanas en tres grupos: las realizadas con el cuerpo, la mente y la boca. No sólo hay que purificar y controlar las acciones físicas realizadas con el cuerpo y los pensamientos que surgen en la mente, sino también las palabras expresadas con la boca.

Cepillarse los dientes es limpiar la boca, a través de la cual pronunciamos las palabras. Por eso es muy importante cepillarlos bien.

¿CÓMO LAVARSE LOS DIENTES?

En los templos zen, el modo de lavarse los dientes está debidamente reglamentado. El maestro Dōgen Zenji (1200-1253) estableció que después de recitar un breve verso en chino, había que cepillarse los dientes tanto por la parte visible como por la parte posterior, y enjuagar la boca con agua. Para evitar las caries también hay que cepillar entre los dientes y por último, cepillar también la lengua. ¡Machaquemos las pasiones mundanas con una boca fresca y unos dientes bien limpios!

Cortar el pelo

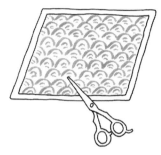

Cuando pensamos en un monje nos viene a la cabeza la imagen de una cabeza rasurada, y es que así lo requieren la mayoría de las escuelas budistas. Hasta tal punto que en Japón, a la cabeza rasurada se la llama literalmente «cabeza de monje». En la Verdadera Escuela de la Tierra Pura, al ser una comunidad budista laica, sólo se rasuran la cabeza los que toman la determinación de hacerse monjes. Como prueba de la toma de los votos y muestra de renuncia a todo lo superfluo, el maestro rasura la cabeza del novicio con una cuchilla. En general, uno se corta el pelo cuando considera que le ha crecido, pero los monjes del templo de Eiheiji sólo nos rasuramos la cabeza los días acabados en cuatro o nueve (*shikunichi*). ¿Qué os parecería poneros en la piel de un monje y cortaros el pelo en los días acabados en cuatro o nueve, y así cortar con las pasiones y los sufrimientos mundanos?

¿CÓMO RASURARSE LA CABEZA?

En el templo de Eiheiji no se utiliza ningún tipo de espuma o jabón para afeitarse la barba ni tampoco la cabeza. Cuando uno no está habituado suele hacerse alguna herida, pero de este modo, además de ahorrar agua, al no utilizar productos sintéticos hace que contaminemos menos el ciclo del agua.

Excreción

Rótulo sobre la puerta: LAVABO

Puede que parezca extraño, pero cada vez que me dispongo a evacuar no puedo evitar pensar en lo extraordinario que es el ser humano. Cuando comemos, el cuerpo digiere lentamente los alimentos que hemos ingerido mientras va absorbiendo los nutrientes, y finalmente elimina los desechos de forma natural en forma de excrementos. Lo mismo ocurre con el sudor, pues el cuerpo humano está dotado de un mecanismo que limpia el organismo de todo aquello que no necesita y lo expulsa al exterior. Y además funciona sin descanso, los trescientos sesenta y cinco días del año, las veinticuatro horas del día. Sin duda, debemos sentirnos agradecidos.

Suele ocurrir que la única ocasión en la vida en que aprendemos la manera de proceder en el aseo es durante nuestra infancia, a través de nuestros padres. Tampoco se tiene ocasión de ver a otros directamente por lo que cada uno se apaña como puede sin darle demasiadas vueltas al asunto.

Pero en los templos zen, la evacuación es un tema que se afronta de forma explícita. Como ya he mencionado antes, el lavabo es un lugar sagrado donde se venera a Ususama Myōō. Y precisamente porque se trata de un lugar importante, los modales de los monjes están reglamentados con detalle.

Antes de utilizar el lavabo, hay que colocar un cubo con agua en el lugar indicado, tras lo cual nos ponemos de pie ante el retrete de estilo japonés, colocando la mano izquierda en la espalda y con la mano derecha hacemos un gesto llamado *tanji*, que consiste en hacer chasquear el dedo índice con el pulgar. Este gesto se repite tres veces, antes y después de utilizar el lavabo. El sonido que emiten los dedos equivaldría a golpear la puerta con los nudillos, y una vez hayamos terminado, hace además la función de purificar las impurezas.

Para limpiarnos no empleamos papel sino el agua del cubo. Llenar un cubo de agua y lavarse con la mano izquierda es un método que todavía se utiliza en la India.

El lavabo es prácticamente el único espacio en el que un novicio puede tomar un respiro a solas, y relajarse. Pero precisamente porque el hecho de evacuar es un acto instintivo en el ser humano, debemos tener cuidado de no relajarnos demasiado y mantener cierta tensión a fin de purificar el espíritu.

En el hogar, el lavabo debe ser un lugar limpio en el que los miembros de la familia se sientan cómodos, y debemos aprender a eliminar los desechos del cuerpo manteniendo su pulcritud.

SOBRE LA EXCRECIÓN

La evacuación de los excrementos es una acción instintiva en el ser humano, y precisamente por eso debemos estar atentos y no perder la compostura. Cada vez que utilicemos el cuarto de aseo debemos dejar las zapatillas bien alineadas, y fijarnos en que el papel higiénico no se haya agotado para la siguiente persona que lo vaya a utilizar.

Comida

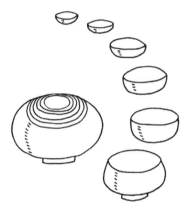

He oído decir que hoy en día la gente va tan ajetreada que apenas dispone de tiempo para comer, y que muchos engullen la comida sin dar importancia a lo que comen. Sin duda es una verdadera lástima.

Huelga decir que los humanos no podríamos subsistir sin comer. Somos lo que comemos, y si descuidamos la comida también estaremos descuidando nuestro cuerpo, y nuestro espíritu. Los alimentos que ingerimos son la base del ser humano y por lo tanto debemos prestar más atención a lo que comemos.

Los conocedores de la ceremonia del té sabrán que el té se introdujo a Japón junto al budismo zen como una medicina. La influencia de la filosofía budista hizo posible que el mero hecho de servir una taza de té acabara convirtiéndose en un camino de perfeccionamiento. Del mismo modo, en nuestro mundo, damos una gran importancia a los modales durante la comida.

Cuando era un novicio y vivía en el templo de Honganji en Kioto, antes y después de cada comida juntábamos las manos y recitábamos unas palabras de agradecimiento. Durante la comida debíamos permanecer en silencio en señal de gratitud.

A la hora de comer, hay que masticar lentamente cada bocado y saborearlo debidamente. En la comida no hay que excederse: uno debe parar de comer antes de sentir que su estómago está lleno. En otras palabras, si uno come pausadamente, masticando bien y saboreando la comida, acabará saciándose con una cantidad adecuada; así evitaremos atiborrarnos

No se puede separar el cuerpo de la mente, pues juntos forman una unidad. Durante la comida no hay que olvidar los modales y el sentimiento de gratitud. Cuando aprendamos a manejarlo todo con armonía, conseguiremos purificar nuestro espíritu.

MODALES DURANTE
LA COMIDA

Os invito a que probéis en vuestras casas a expresar gratitud hacia la comida tal y como hacemos en la Verdadera Escuela de la Tierra Pura.

Antes de la comida (con las palmas de las manos unidas):
Estoy inmensamente agradecido a todos los seres vivos que han hecho posible esta comida que acepto con gratitud.

Después de comer (con las palmas de las manos unidas):
Tras recibir estos deliciosos alimentos, mi gratitud es aún más profunda. Gracias por estos alimentos.

Gracias por la comida.

CUANDO TERMINA
LA LIMPIEZA

No poseer bienes materiales

Durante el proceso de adiestramiento, los novicios disponemos de un espacio increíblemente pequeño para vivir. A cada novicio se le asigna un *tatami*, sobre el que deberá dormir, comer y practicar la meditación sedente o *zazen*.

Como novicio de la Verdadera Escuela de la Tierra Pura, conviví dentro de una comunidad en un templo de Kioto. Allí no nos estaba permitido tener más que las posesiones básicas, como algunos utensilios de escritura y ropa interior. En las habitaciones de *tatami* convivíamos unos diez novicios. Nos levantábamos antes del alba y empezábamos la jornada ejecutando en silencio las tareas que nos asignaban, ya sea la recitación de *sutras* o las tareas de limpieza, por lo que no teníamos tiempo para distracciones.

Una vida sin posesiones materiales es en realidad una vida muy agradable.

El monje Ippen Shōnin (1239-1289) viajó a lo largo de su vida sin llevar pertenencias, y continuó viajando hasta su muerte sin llegar a establecerse en ningún lugar concreto. Vivió sin la necesidad de poseer bienes materiales y logró que su espíritu fuera libre.

Cuando uno vive como un monje, libre de posesiones materiales, se da cuenta de algo. Las posesiones que finalmente uno acaba conservando son los objetos buenos, aquellos objetos de valor que han sido elaborados gracias

Decidido, me voy a quedar éste.

a la dedicación y el esfuerzo de muchos. Ésas son las cosas que al final uno acaba conservando.

Cuando uno topa con algo de valor siente la necesitad de cuidarlo. El cariño con que fue elaborado queda en su interior y llega a nuestro corazón a través de las manos. Uno no aprende a cuidar algo hasta que topa con algo de valor y siente esa necesidad. Si nos rodeamos de objetos que no nos importa que acaben rompiéndose, no comprenderemos qué significa tener cuidado de algo.

En los hogares en los que hay niños, por su bien, es mejor no tener demasiados objetos en casa y elegir aquellos que sean de buena calidad. Por ejemplo, los niños que desde pequeños aprendieron a utilizar con cuidado los cuencos lacados, desarrollarán una sensibilidad especial hacia los materiales de que están hechos los objetos.

Cuando salgamos de compras, debemos examinar

bien las cosas antes de comprarlas, y adquirir únicamente aquello que sea imprescindible. Debemos elegir aquellos objetos con los que podamos convivir a gusto, y de este modo también nos facilite las tareas de limpieza. Los objetos bien elaborados suelen ser un poco más caros, pero al ser de calidad durarán más.

Quien no tiene nada lo tiene todo. La doctrina budista del Vacío nos enseña que aquel que logra no estar apegado a nada tiene ante él un mundo de infinitas posibilidades.

Cada cosa en su sitio

Como contaba, la habitación de un novicio es muy sencilla. Los novicios sólo poseen lo estrictamente necesario por lo que sus pertenencias son increíblemente escasas. Pero a pesar de tener pocas cosas, cada objeto tiene su lugar, y de ese modo siempre se mantiene el orden.

Cada cosa debe estar en su sitio. Parece una obviedad pero a menudo uno se encuentra con otra realidad. Sacar cuando sea necesario y guardar en el mismo sitio una vez hayamos terminado de utilizarlo. Parece algo sencillo pero ¿por qué es tan difícil llevarlo a cabo? Eso se debe a que tratamos a los objetos de forma descuidada. Dicho de otro modo, estamos desatendiendo nuestra alma.

Los novicios veteranos se encargan de enseñar a los novatos, el lugar que ocupa cada cosa: la escoba, el recogedor, el cubo, la vajilla... Todo tiene su sitio. Lo mismo ocurre con sus pertenencias, todo debe estar en su lugar: el libro de los *sutras* debe estar encima de la estantería y si está torcido aunque sea un solo milímetro, el novicio veterano se encargará de reprenderle. Pero cuando uno asimila estos hábitos, se acostumbra a que cada cosa esté en su sitio y aprende a mantenerlo.

Un monje amigo mío me dijo algo curioso: «Al principio, te limitas a guardar las cosas donde te han enseñado. Pero a medida que lo vas repitiendo, aprendes a escuchar la voz de los objetos. Si preguntas, ellos te dirán el lugar que les corresponde». En eso consiste precisamente, en escuchar la voz de los objetos.

No podemos descuidar el alma. Debemos manipular con cuidado los objetos, y si afinamos el oído de nuestro espíritu, lograremos escuchar su voz.

A su vez, debemos conocer con detalle el lugar donde se guardan los objetos, es decir, el espacio que conforman las habitaciones. Y un modo de hacerlo es limpiar a diario este espacio hasta que se convierta casi en una prolongación de nuestro cuerpo.

Cuando uno conoce la naturaleza de un objeto y está completamente familiarizado con el espacio que le rodea, sabe cuál es el lugar en el que el objeto desea ser guardado. De este modo lograremos alcanzar este estado mental.

Lo principal es guardar las cosas en su sitio.

En sintonia con las estaciones

La vida en un templo cambia según las estaciones del año. A comienzos de año se celebra el Año Nuevo; con la floración de los cerezos se celebra el equinoccio de primavera y la fiesta de las flores para conmemorar el nacimiento de Buda; en verano tiene lugar la festividad de los difuntos; cuando las hojas de los árboles se tiñen de rojo y amarillo se celebra el equinoccio de otoño; y las campanadas del templo del último día del año cierran el ciclo anual.

Cuando uno vive en un templo tiene la ocasión de vivir plenamente los cambios estacionales. Y ése es precisamente uno de los motivos por los que me alegro de ser monje.

Dicen que Japón es uno de los países en el que los cambios estacionales son más visibles. Incluso en mi templo, situado en plena ciudad de Tokio, uno puede gozar de la belleza de los cerezos y los ciruelos en flor; y de verano a otoño, si uno aguza el oído puede oír las cigarras y los grillos chirriando. Como japonés, creo en el valor de disfrutar de los cambios que experimenta la naturaleza en cada estación.

Cuando hayamos terminado de limpiar, podríamos introducir la transformación de las cuatro estaciones en el interior de las estancias. En este aspecto, las estancias tradicionales japonesas dan mucho juego. Se puede adornar el *tokonoma* con unas flores de temporada, y un rollo colgante acorde con la época del año, o también se

秋だねえ

Ya es otoño...

puede cambiar el olor del incienso. En invierno, las puertas correderas con enrejado de papel (*shōji*) nos evocan el calor del hogar; mientras que las persianas de carrizo nos evocan la frescura de la sombra a resguardo del calor sofocante de verano. Cambiar el papel del enrejado de las puertas correderas es un modo de disfrutar del cambio estacional.

No debemos olvidar cambiar el armario en primavera y en otoño. Los monjes tienen una estola y un hábito de verano y otro de invierno. El primer día que uno se viste con el hábito de verano, siente cómo la fresca brisa de principios de verano se cuela por las mangas a través de la seda. En cambio, cuando uno se viste por primera vez con el grueso hábito de invierno, el peso de las vestimentas le anuncia la llegada del frío. Además del hábito, el *samue* que los monjes visten para hacer las tareas manuales, se adapta a las estaciones según tenga forro o no.

La ropa de un monje varía poco, y se compone básicamente de tres clases: la vestimenta ceremonial con la estola, el hábito sencillo de monje, y el *samue* para las tareas manuales. Como la ropa que posee un monje es limitada, no tendrá dudas sobre qué debe ponerse. Si nuestras posesiones son sencillas, y llevamos una vida ordenada, seremos capaces de percibir los cambios sutiles de las cuatro estaciones que rodean nuestra vida.

¡Adelante, abrid las ventanas! ¡Dejad entrar el aire fresco! El aroma del viento cambia según las estaciones; el chirrido de los insectos, el piar de los pájaros nos anuncia la llegada del calor. La naturaleza se transforma día a día, momento a momento.

Hay un poema que dice así:

En primavera, las flores invaden los bosques.
En otoño, desde todos los hogares se contempla el reflejo
de la luna en el agua.

La obra de Buda se revela en la inmensidad de la naturaleza y llega a todos y cada uno de nosotros. La naturaleza que vemos a través de nuestros ojos es el reflejo de nuestra alma.

La limpieza a fondo
de fin de año

No penséis que como nos pasamos el día limpiando, no hacemos la limpieza a fondo de fin de año. Es cierto que los suelos, la cocina y el baño se limpian a diario; que las lámparas y las ventanas elevadas se limpian unos días señalados; y que no hay ningún lugar que quede sin limpiar. Así pues, es posible que en el sentido estricto de «eliminar la suciedad», la limpieza a fondo no haga falta. Pero la limpieza también elimina la suciedad del alma. Por eso, en los templos, la limpieza a fondo de fin de año es muy importante, porque con ella eliminamos la mugre que se ha ido depositando en el fondo de nuestra alma. Antes se llamaba «limpiar el hollín». Cuando había un fuego de leña y las velas y las lámparas de aceite iluminaban las estancias, se acumulaba el hollín. En muchos templos se sigue llamando así. En el de Honganji, a mediados de diciembre se organiza una limpieza a fondo en la que participan no sólo los monjes sino también la gente corriente. Tras las tareas de primera hora de la mañana, todos se reúnen ante el altar de los laicos (*gejin*), a la espera de que el prior aparezca calzando unas sandalias gigantes. Él será el encargado de dirigirse hacia la estatua del Buda Amihāb y ofrecer una plegaria, tras lo cual, barrerá el polvo de la base de la estatua con una escoba gigante de cuatro metros de largo. Lo mismo hará ante la estatua de Shinran. Después, todos formarán una fila de uno y empezarán a quitar el polvo a la vez. Todo se hace respetando al máximo la tradición. Con una caña de un metro de largo se va golpeando el *tatami* para desincrustar el polvo, y con la ayuda de un gran abanico se reúne el polvo que finalmente se elimina con una escoba. Más que una tarea de limpieza se asemeja más a un ritual. Precisamente por eso, la limpieza a fondo debe hacerse conjuntamente. Todos los miembros de la familia deben colaborar mientras se experimenta la alegría de compartir un año más con ellos. No hay mayor alegría que compartir el tiempo con la familia, pues los vínculos familiares son el fundamento de nuestra alma. El ritual de la limpieza a fondo es una ocasión muy aconsejable para fortalecer dichos vínculos. La limpieza se centra en los lugares de difícil acceso que no solemos limpiar habitualmente, pero además, a la hora de repartir las tareas sería positivo que cada uno se ocupara de una que no suele hacer. Es un modo de mostrar mayor gratitud.

¡Manos a la obra!

Epílogo

Tal vez se deba a la influencia de la popular serie de animación «Ikkyūsan», pero cuando se piensa en un monje a muchos les viene a la cabeza la imagen de un monje con una escoba de bambú en la mano. Esa imagen tiene algo de cierto. A través de los contactos que he establecido con las diferentes escuelas de budismo he podido constatar que la mayoría de los monjes dedica mucho esfuerzo a las tareas manuales y de limpieza.

En un templo situado en plena ciudad, el ir y venir de gente es constante. Por eso se pone mucha atención en la limpieza y el orden. Pero en el hogar, es más complicado conseguir el orden y la pulcritud que podemos encontrar en un templo. Y de hecho, el estilo de vida más simple y ordenado que conozco pude observarlo en la India, y no en Japón.

La India es el país de Buda, la tierra natal del budismo. Mi vida en un templo en Japón está dedicada a Buda, pero cuando voy a la India tengo la sensación de que Buda está ahí, de que puedo sentir su presencia. Sin duda hay un ambiente especial y precisamente, mi pasión por la India me llevó a estudiar allí durante un año.

Durante mi estancia en la India, aprovechaba los días festivos para viajar por las diferentes regiones de este país junto a mi esposa y mi hijo que habían venido conmigo desde Japón. En Jaipur, al norte de la India, subimos a la cima de una montaña a lomos de un elefante; en la provincia de Kerala, al sur, contemplamos el cielo repleto de estrellas desde un barco de pesca... Recorrimos de cabo a rabo este inmenso país, pero lo que más me impresionó fue el viaje que hice con un compañero de clase para un proyecto humanitario que consistía en llevar lámparas solares a las aldeas donde no llega la electricidad.

En los últimos años la India ha sufrido un proceso acelerado de urbanización, pero en el campo, en los recónditos pueblos de montaña aún se conserva el modo tradicional de vida y aún se habla la lengua autóctona. En esas pequeñas aldeas donde no llegan ni los coches ni la electricidad, se mantiene el estilo de vida tradicional de la India rural.

Pero sin electricidad, los niños no pueden estudiar de noche, ni los enfermos graves pueden ser trasladados hasta el hospital más cercano. Fue así como una ONG creó el proyecto de hacer llegar lámparas solares a aquellas aldeas sin electricidad, como un modo de dar soporte a las vidas de sus gentes interviniendo en la menor medida posible en las costumbres de la región.

La aldea que nosotros visitamos estaba situada en una zona montañosa al sur de la India. Viajamos en tren y en autobús, y tuvimos que recorrer a pie un sendero durante cuatro horas. Cuando por fin llegamos a la aldea, el sol se había puesto y el lugar estaba inmerso en la oscuridad. La aldea estaba formada por una fila de apenas diez cabañas. Algunos hombres se habían reunido alrededor de una hoguera, y el resto de aldeanos estaba en sus casas durmiendo.

Tras explicarles nuestro propósito les hicimos entrega de las linternas, y uno de los hombres, lleno de gozo, nos invitó a entrar en su casa. Estaba hecha de piedra y parecía una cueva. Iluminada por la linterna vimos una habitación de escasos metros en la que dormían sobre el suelo cinco o seis miembros de la familia. Lo primero que pensé fue que debía ser muy duro convivir en un espacio tan pequeño. Pero cuando mis ojos se acostumbraron a la penumbra y pude hacerme una idea de cómo era el lugar, ese pensamiento se esfumó. ¡Nunca antes había visto una habitación tan simple y bonita como aquélla!

Los objetos que allí había eran increíblemente escasos, y todo parecía estar en su sitio además de estar perfectamente limpio. En ese momento me di cuenta de que si los hombres se lo proponen, pueden vivir de la forma más sencilla posible. Carecían de bienes materiales y electricidad, pero no había duda de que vivían con plenitud.

En comparación, ¿qué hay de nuestro estilo de vida en Japón? Estamos rodeados de bienes materiales, y los prácticos utensilios que funcionan con electricidad no paran de aumentar. Hemos aprendido a disfrutar de la vida de un modo materialista, ¿pero es allí donde reside realmente la riqueza de la vida? Tras experimentar la contaminación radioactiva de las centrales nucleares, no son pocos los que han empezado a cuestionárselo.

Una sociedad libre. La ciudad está repleta de comida y objetos materiales. Todo se puede comprar. Puedes comer lo que te apetezca. Puedes hacer todo lo que quieras. Aparentemente, parecemos disfrutar de una vida llena de libertad.

Pero entonces, ¿por qué nos acostumbramos tan fácilmente a una vida tan sencilla y natural? Seguramente porque nuestro corazón nos dice que el estilo de vida actual que llevamos no es «la auténtica libertad».

Mucha gente cree que la libertad consiste en hacer las cosas como uno desea. Creen que la libertad es hacer realidad lo que uno quiere. Pero eso no es libertad. Desde el momento que deseas hacer algo, tu corazón queda prisionero del deseo.

La libertad no es hacer las cosas como uno quiere sino vivir en paz el día a día, con el corazón repleto de alegría y sin ser prisionero de tus deseos. Y eso se consigue sumando una a una nuestras acciones. Por ejemplo, el tiempo que dedicamos a limpiar con esmero. Cuando uno limpia cuidadosamente hasta el último rincón se siente satisfecho, y cuando uno está rodeado de pulcritud hace que se sienta a gusto y en paz.

Estoy profundamente agradecido a Rieko Ishizuka, la editora de Discover 21, por haberme dado la oportunidad de purificar mi espíritu a través de la redacción de este libro. Quiero expresar de nuevo mi agradecimiento a Shō-yō Yoshimura, monje de la escuela Sōtō, divulgador de la comida vegetariana y psicólogo clínico; y a todos y cada uno de los miembros del templo Higanji, empezando por el monje itinerante (*unsui*) Seigaku; además de los monjes de las diversas escuelas budistas por su colaboración y sus sabios consejos. También quiero agradecer a los miembros del templo Kōmyōji por su gran apoyo.

Realizamos las tareas de limpieza con la intención de eliminar las impurezas del espíritu. Pero la limpieza nunca se acaba, y apenas acabamos de limpiar y ya las pasiones y los sufrimientos mundanos empiezan de nuevo a nublar nuestra mente. Por más que limpiemos siempre queda algo que limpiar, pero sin duda en eso consiste el adiestramiento de un monje.

> Las malas acciones obstaculizan nuestro camino.
> Pero del mismo modo que el hielo se derrite y se transforma en agua
> Cuanto más grande es el hielo, más agua habrá.
> Cuantos mayores sean los obstáculos, mayor será el mérito.

Con estas palabras, el monje Shinran Shonin (1173-1262) quiso transmitirnos que cuanto mayores son las pasiones y los sufrimientos mundanos que padecemos, mayor será la satisfacción que obtengamos al despertar.

Cuando nos sintamos sofocados ante las tareas de purificación del espíritu que nunca acaban, debemos detenernos y recitar: «*Namu Amida Butsu*», el mantra de la Tierra Pura. Nos recordará, que aunque no lo veamos, Buda siempre está a nuestro lado apoyándonos.

Espero que con este libro os haya podido aportar una visión un poco más alegre y divertida de las tareas de limpieza y que ello os anime a continuar realizándolas con energía. Si así fuese me sentiré muy feliz.

Keisuke Matsumoto

Bibliografía de fuentes consultadas

AA.VV *Jōdō shinshū seiten* (*Libro sagrado de la Escuela de la Tierra Pura*), (versión comentada). 2ª edición. Honganji Shuppansha, Kioto.

Dōgen, *Shōbōgenzō* (Tesoro de la visión del Verdadero Dharma), vol. 1-4. Notas de Mizuno Y. Iwanamishoten, Tokio.

Dōgen, *Tenzokyōkun·Fushukuhanpō* (Instrucciones al cocinero de un monasterio zen. Modales a la hora de comer). Adaptación de Nakamura S., Ishikawa R., Nakamura N. Kōdansha Gakujutsu Bunko, Tokio.

Glosario

Amida: (En sánscrito *Amitāba*) «Luz infinita», nombre del Buda más popular después del histórico Buda Śākyamuni. En la tradición *mahāyäna* vigila el paraíso de occidente. Amida aplazó su propia entrada en el nirvana en el momento en que había cumplido los votos originales, entre ellos el acumular los méritos suficientes para salvar a toda la humanidad.

Butsudan: altar familiar budista.

Butsuma: habitación en donde era puesto el altar familiar budista.

Dōgen: Eigen Dōgen (1200-53) es considerado hoy en día como uno de los pensadores japoneses más originales y uno de los reformadores de la religión. Fundó la escuela budista japonesa Zen Sōtō, y el templo Eihhei-li, en la prefectura de Fukui. Escribió el *Shōbōgenzō* (Tesoro del verdadero ojo del Dharma), un texto que se ha convertido en un clásico de la tradición budista japonesa además de otros textos de elevado valor espiritual.

Edo: época histórica que va del 1603 al 1867.

Eiheiji: uno de los templos budistas más grandes e importantes del Japón, fue fundado por el maestro Dōgen y se encuentra en la prefectura de Fukui.

Fukusa: toalla de seda de grandes dimensiones utilizada también en la ceremonia del té para brillar y guardar los objetos.

Fusuma: paneles corredizos de papel de arroz sostenidos por un marco de madera.

Honganji: el término Honganji hace referencia a los templos de la escuela Jōdō Shinshū que se encuentran en Japón. El primer templo histórico fue fundado en 1321 en Kyōto, en la zona del panteón Ōtani, en donde tuvo lugar el funeral de Shinran, fundador de la escuela Jōdō Shinshū.

Ikkyū-San: es un *anime* de 1975 realizado por la Toei Animation y emitido en Italia desde 1984 con el título «Ikkyusan, el pequeño monje». Cuenta la historia de Ikkyō un joven monje del templo Ankokuji, quien a pesar de ser un aparente buscapleitos, siempre se las arregla para encontrar, episodio tras episodio, nuevas maneras de ayudar tanto a los monjes del templo, como a la gente común. Este personaje está inspirado en la figura del monje budista zen Ikkyū.

Ippen: Ippen Chishin (1239-1289) es una figura singular del budismo japonés, porque su enseñanza, que combina un tipo de religiosidad popular tiene una connotación sintoísta y esotérica, se inscribe en el género de los ascetas viajeros. Él no fundó una escuela, pero sus discípulos, una vez muerto el maestro, se organizaron y dieron vida a lo que se conoce como la escuela Jishū.

Jika-tabi: sandalias tradicionales con suela de goma usadas por los carpinteros y en general por quienes realizan trabajo pesado.

Jōdo Shinshū: La «Verdadera escuela de la Tierra Pura» afirma que la fe es la esencia de la gran compasión hacia Amida.

Juban: Prenda que se lleva bajo el kimono o bajo el hábito del monje como complemento.

Kishü: región que comprende la prefectura de Wakayama en la parte meridional de la prefectura de Mie.

Mumyō: (en sánscrito avidyā) «Ignorancia», «falta de conocimiento», es el origen de todos los males de la existencia. Para todas las escuelas budistas la ignorancia es la raíz venenosa de la mente, la pasión (angustia mental) es considerada como uno de los factores fundamentales del sufrimiento humano. La instancia en donde se toma la ilusión como realidad.

Nirvana: estado resultado de la ausencia de la pasión y de sus causas, nirvana significa generalmente estado de paz, de liberación, un estado en donde no existe el condicionamiento que aporta el nacimiento, el devenir y la muerte, es un estado que trasciende el mundo. No es la nada, pero el Buda nunca da una definición precisa porque el estado que trasciende la nada y la eternidad es indescriptible e indecible.

Nuno-zōri: Sandalias planas tejidas con lazos de tela.

Ranma: abertura que hay entre habitaciones situada a poca distancia del techo sobre las puertas, los fusuma o los shōji. Su función es dejar pasar la luz y favorecer la circulación del aire.

Rennyo: Rennyo (1415-1499) fue el octavo prior del Honganji, templo histórico que pertenecía a la escuela Jōdo Shinshū, y descendiente de su fundador Shinran.

Samue: vestido de trabajo usado por los monjes budistas.

-San: sufijo honorífico que se pospone al nombre o al apellido de una persona. Se puede usar indiferentemente para hombre o mujer, pero nunca para hacer referencia a sí mismo.

Setta: calzado tradicional japonés elaborado en madera. Estas sandalias llevan dos lazos de seda o terciopelo que se fijan a una suela de madera plana y rectangular que se apoya por dos maderos paralelos llamados «denti» en japonés.

Shaka: (En sánscrito Sakyamuni *Buddha*) nombre japonés del Buda histórico, Siddhartā Gautama.

Shin: Abreviatura para referirse a la escuela Jōdo Shinshū.

Shinran: Shinran (1173-1262), maestro japonés de la corriente de la Tierra Pura, es considerado el fundador de la escuela Jōdo Shinshū. Es recordado también porque, con el permiso de su maestro, abandonó la vida monástica para casarse, convirtiéndose así en el primer sacerdote casado del budismo japonés.

Shinkunichi: (*Shi* «cuatro», *ku* «nueve» y *nichi* «días») días del año que contienen la cifra cuatro y nueve, o el 4, 14, 24, 9, 19, 29.

Shōji: Puerta corrediza de papel de arroz sobre un marco de madera

Sōtō: nombre de una de las cinco escuelas Zen. Su origen se remonta al siglo noveno en China, y luego se difunde en el Japón gracias a las enseñanzas del maestro Dögen. Si bien la escuela sufrió diversos cambios y mutaciones doctrinales, tiene una característica constante, la importancia dada a la meditación en posición sentada o zazen.

Sütra: escritos sagrados budistas.

Tabi: Son calcentines elaborados con una tela gruesa, casi siempre de color blanco, que separan el dedo pulgar de los demás dedos del pie.

Tatami: El tatami es una estera gruesa hecha, tradicionalmente, de paja de arroz, recubierta de junco japonés y rematada en sus bordes con una tela brocada. Recubren enteramente el suelo de las casas japonesas. Tienen dimensiones estándar 90x180cm, son utilizadas como unidad de medida para las habitaciones individuales.

Tenugui: pañuelo para secar las manos elaborado con algodón japonés estampado.

Tokonoma: Es un hueco en la pared de profundidad variable que puede llegar a tener una superficie de un tatami y cuyo suelo está ligeramente elevado. Es típico en las habitaciones japonesas, allí se suele poner un arreglo floral, y se cuelga un dibujo vertical que cambia según la estación, o bien la impresión de una caligrafía o flores.

Tosa: ciudad de la prefectura de Kōchi, en el sur oeste de Japón.

Ubame: el roble ubame (*Quercus phillyraeoides*) es el árbol emblema de la prefectura de Wakayama. Es el material áspero del cual se produce el binchōtan, un carbón de leña duro tradicional de Japón.

Usüsama: (en sánscrito Ucchuṣma) es una entidad sagrada que pertenece al *myö-ö*, «Rey de la luz», quien detenta la conciencia. En el budismo Zen, Shingon representa el guardián protector del baño y está dotado del poder de la purificación.

Zabuton: cojín de forma cuadrada utilizado en el lugar del asiento para sentarse sobre el tatami o sobre el suelo de madera.

Zazen: forma de meditación que se practica estando sentado, con las piernas cruzadas, el pecho erguido y los ojos entrecerrados. Se trata de estar vigilante pero libre de pensamientos, de cualquier tipo de atención y de cualquier técnica que involucre la mente discursiva. En el Sōtō, esta meditación se practica en postura sentada sobre un cojín redondo delante de un muro.

Zen: la escuela Zen, a diferencia de aquella amidista, se inserta en la larga tradición de las escuelas importadas de China por los monjes japoneses. Se desarrollaron y consolidaron desde la segunda mitad del siglo XIII. Uno de los más grandes maestros Zen fue Dōgen, fundador de la escuela Sōtō.

Zōri: sandalias planas de piel con lazos de seda.

Esta tercera edición de *Manual de limpieza de un monje budista* de Keisuke Matsumoto terminó de imprimirse en Grafica Veneta S.p.A. di Trebaseleghe en Italia en agosto de 2019. Para la composición del texto se ha utilizado la tipografía Omnes.

PEFC

PEFC/18-31-226

Este libro está impreso con el sol. La energía que ha hecho posible su impresión procede exclusivamente de paneles solares. *Grafica Veneta* es la primera imprenta en el mundo que no utiliza carbón.

GRAFICA VENETA

LA COLECCIÓN *SAKURA* TE ENSEÑA
A DISFRUTAR DE UNA VIDA SERENA Y FELIZ

KEISUKE MATSUMOTO

MANUAL DE UN MONJE BUDISTA PARA LIBERARSE DEL RUIDO DEL MUNDO

37 ejercicios para alcanzar la serenidad del alma

松本圭介

Duomo ediciones

NAGISA TATSUMI
EL ARTE DE TIRAR

Cómo liberarse de las cosas sin sentimiento de culpa

Duomo ediciones

RYŪNOSUKE KOIKE

FELICES SIN UN FERRARI

Vivir con poco es bueno para el alma

小池龍之介

Duomo ediciones

SEIGAKU

EL ZEN Y EL ARTE DE COMER

Las reglas de un monje budista para estar en armonía con uno mismo

星覚

Duomo ediciones